Spanish Short Stories for Beginners

5 in 1

Over 500 Dialogues and Daily Used Phrases to Learn Spanish in Your Car. Have Fun & Grow Your Vocabulary, with Crazy Effective Language Learning Lessons

www.LearnLikeNatives.com

© Copyright 2021
By Learn Like A Native

ALL RIGHTS RESERVED

No part of this book may be reproduced, stored in a retrieval system, or transmitted in any form or by any means, without the prior written permission of the publisher.

TABLE OF CONTENT

INTRODUCTION	7
CHAPTER 1 The Mysterious Package / Greetings	16
Translation of the Story	24
CHAPTER 2 Mardi Gras	
/Colors + Days of the Week	29
Translation of the Story	36
CHAPTER 3 Weird Weather / Weather	40
Translation of the Story	47
CHAPTER 4 John's Homework	
/ School + Classroom	52
Translation of the Story	59
CHAPTER 5 Thrift Store Bargain	
/ house and furniture	63
Translation of the Story	70
CHAPTER 6 The Goat	
/ common present tense verbs	74
Translation of the Story	83
CHAPTER 7 The Car / emotions	89
Translation of the Story	98

CHAPTER 8 Going to A Meeting / telling time   104

Translation of the Story   113

CHAPTER 9 Lunch with The Queen

/ to be, to have + food   119

Translation of the Story   129

CHAPTER 10 The Driver's License

/ question words   136

Translation of the Story   145

CHAPTER 11 At the Travel Agency

/ likes and dislikes   151

Translation of the Story   160

CHAPTER 12 Valentine's Day in Paris

/ prepositions   166

Translation of the Story   175

CHAPTER 13 New Roommates

/ Common everyday objects + possession   182

Translation of the Story   191

CHAPTER 14 A Day in the Life / transition words   196

Translation of the Story   204

CHAPTER 15 The Camino Inspiration

/ Numbers + Family   209

Translation of the Story	217
CONCLUSION	221
About the Author	224

INTRODUCTION

Before we dive into some Spanish, I want to congratulate you, whether you're just beginning, continuing, or resuming your language learning journey. Here at Learn Like a Native, we understand the determination it takes to pick up a new language and after reading this book, you'll be another step closer to achieving your language goals.

As a thank you for learning with us, we are giving you free access to our 'Speak Like a Native' eBook. It's packed full of practical advice and insider tips on how to make language learning quick, easy, and most importantly, enjoyable. Head over to LearnLikeNatives.com to access your free guide and peruse our huge selection of language learning resources.

Learning a new language is a bit like cooking—you need several different ingredients and the right technique, but the end result is sure to be delicious. We created this book of short stories for learning Spanish because language is alive. Language is about the senses—hearing, tasting the words on your tongue, and touching another culture up close. Learning a language in a classroom is a fine place to start, but it's not a complete introduction to a language.

In this book, you'll find a language come to life. These short stories are miniature immersions into the Spanish language, at a level that is perfect for beginners. This book is not a lecture on grammar. It's not an endless vocabulary list. This book is the closest you can come to a language immersion without leaving the country. In the stories within, you will see people speaking to each other, going through daily life situations, and using the most common, helpful words and phrases in language. You are holding the key to bringing your Spanish studies to life.

Made for Beginners

We made this book with beginners in mind. You'll find that the language is simple, but not boring. Most of the book is in the present tense, so you will be able to focus on dialogues, root verbs, and understand and find patterns in subject-verb agreement.

This is not "just" a translated book. While reading novels and short stories translated into Spanish is a wonderful thing, beginners (and even novices) often run into difficulty. Literary licenses and complex sentence structure can make reading in your second language truly difficult—not to mention BORING. That's why Spanish Short Stories for Beginners is the perfect book to pick up. The stories are simple, but not infantile. They were not written for children, but the language is simple so that beginners can pick it up.

The Benefits of Learning a Second Language

If you have picked up this book, it's likely that you are already aware of the many benefits of learning a second language. Besides just being fun, knowing more than one language opens up a whole new world to you. You will be able to communicate with a much larger chunk of the world. Opportunities in the workforce will open up, and maybe even your day-to-day work will be improved. Improved communication can also help you expand your business. And from a neurological perspective, learning a second language is like taking your daily vitamins and eating well, for your brain!

How To Use The Book

The chapters of this book all follow the same structure:

- A short story with several dialogs
- A summary in Spanish
- A list of important words and phrases and their English translation
- Questions to test your understanding
- Answers to check if you were right
- The English translation of the story to clear every doubt

You may use this book however is comfortable for you, but we have a few recommendations for getting the most out of the experience. Try these tips and if they work for you, you can use them on every chapter throughout the book.

1) Start by reading the story all the way through. Don't stop or get hung up on any particular words

or phrases. See how much of the plot you can understand in this way. We think you'll get a lot more of it than you may expect, but it is completely normal not to understand everything in the story. You are learning a new language, and that takes time.

2) Read the summary in Spanish. See if it matches what you have understood of the plot.

3) Read the story through again, slower this time. See if you can pick up the meaning of any words or phrases you don't understand by using context clues and the information from the summary.

4) Test yourself! Try to answer the five comprehension questions that come at the end of each story. Write your answers down, and then check them against the answer key. How did you do? If you didn't get them all, no worries!

5) Look over the vocabulary list that accompanies the chapter. Are any of these the words you did not understand? Did you already know the meaning of some of them from your reading?

6) Now go through the story once more. Pay attention this time to the words and phrases you haven't understand. If you'd like, take the time to look them up to expand your meaning of the story. Every time you read over the story, you'll understand more and more.

7) Move on to the next chapter when you are ready.

Read and Listen

The audio version is the best way to experience this book, as you will hear a native Spanish speaker tell you each story. You will become accustomed to their accent as you listen along, a huge plus for when you want to apply your new language skills in the real world.

If this has ignited your language learning passion and you are keen to find out what other resources are available, go to **LearnLikeNatives.com**, where you can access our vast range of free learning materials. Don't know where to begin? An excellent place to start is our 'Speak Like a Native' free eBook, full of practical advice and insider tips on how to make language learning quick, easy, and most importantly, enjoyable.

And remember, small steps add up to great advancements! No moment is better to begin learning than the present.

FREE BOOK!

Get the *FREE BOOK* that reveals the secrets path to learn any language fast, and without leaving your country.

Discover:

- The **language 5 golden rules** to master languages at will

- Proven **mind training techniques** to revolutionize your learning

- A complete step-by-step guide to conquering any language

Spanish Short Stories for Beginners Book 1

Over 100 Dialogues and Daily Used Phrases to Learn Spanish in Your Car. Have Fun & Grow Your Vocabulary, with Crazy Effective Language Learning Lessons

www.LearnLikeNatives.com

CHAPTER 1
The Mysterious Package / Greetings

Suena el timbre de la puerta.

Andrew corre a la puerta del apartamento. El timbre nunca suena los sábados por la mañana. Andrew está emocionado de ver quién está en la puerta. Él abre la puerta.

"**Buenos días**, niño", dice un repartidor. El hombre está vestido con un uniforme marrón y lleva una caja marrón.

"**Hola, señor**", dice Andrew.

"Tengo un paquete", dice el repartidor. "Dice Calle Principal Nº10."

"Esta es la Calle Principal Nº10", dice Andrew.

"El paquete no tiene nombre", dice el repartidor. "Tampoco tiene número de apartamento."

"¡Qué extraño!", dice Andrew.

"¿Puedes dárselo a la persona correcta?", pregunta el hombre.

"Puedo intentarlo", dice Andrew. Sólo tiene diez años, pero se siente importante.

"**Muchas gracias**", dice el repartidor. Se va. Andrew lleva la caja a su casa. La mira. Es aproximadamente del tamaño de una caja de zapatos. No tiene nombre en el exterior, sólo Calle Principal Nº10.

Andrew abre la caja de cartón. Necesita saber qué hay dentro para encontrar al dueño. Hay una pequeña caja de madera dentro de la caja de cartón. Andrew abre la caja de madera. Dentro de la caja hay 10 pares diferentes de gafas. Son de diferentes colores: rosa y rojo, de puntos verdes, blanco y negro. También son de diferentes formas: redondas, cuadradas y rectangulares.

Cierra la caja y se pone los zapatos.

"¡**Adiós** mamá! Vuelvo enseguida", grita.

Andrew llama a la puerta al otro lado del pasillo de su casa. Se abre. Una señora muy anciana le sonríe a Andrew y la caja.

"¡**Buenos días**, Sra. Smith!", dice Andrew.

"**¿Cómo estás?**", pregunta la anciana.

"**Bien, ¡gracias! ¿Y usted?**", dice Andrew.

"¿Qué pasa?", pregunta la anciana.

"Señora, esto es un paquete. Pertenece a alguien de este edificio, pero no sé de quién es", dice Andrew.

"No es para mí", dice la anciana. "¡Imposible!"

"Oh, ok" dice Andrew, decepcionado. La anciana lleva gafas. Él piensa que estas gafas se verían bien en ella. Se da la vuelta para irse.

"Vuelve más tarde", dice a la anciana. "Estoy haciendo galletas y algunas son para ti y tu familia."

Andrew sube las escaleras. Su edificio tiene tres pisos. Es amigo de casi todos en el edificio. Sin embargo, en el apartamento del segundo piso hay una nueva familia. Andrew no los conoce. Se siente tímido, pero toca la campana. Un hombre de pelo castaño abre la puerta. Sonríe.

"¡**Hola**!", dice el hombre.

"**Hola**", dice Andrew. "Vivo abajo. **Mi nombre es** Andrew."

"**Es un placer conocerte**, Andrew", dice el hombre. "Somos nuevos en el edificio. Soy el Sr. Jones."

"**Encantado de conocerlo también**", dice Andrew. "Este paquete pertenece a alguien de este edificio. ¿Es suyo este paquete?"

"¡Imposible!", dice el hombre. "Mi familia y yo acabamos de mudarnos aquí. Nadie sabe nuestra dirección."

"Ok," dice Andrew. "Encantado de conocerte entonces." La puerta se cierra. Otro no. Sólo hay dos apartamentos para probar. En el siguiente apartamento hay una familia. La hija va a la misma escuela que Andrew. Ella es un año mayor que Andrew. Su nombre es Diana.

Andrew piensa que ella es muy hermosa. Él se vuelve a sentir tímido otra vez, pero igualmente llama a la puerta. Una chica guapa y rubia abre la puerta.

Hola, Diana, sonríe Andrew.

"**¿Qué pasa?**" dice Diana. Lleva pijamas de color rosa brillante y su pelo está desordenado.
"**¿Cómo te va?**", pregunta Andrew.

"**Todo bien**", dice Diana. "Estaba dormida. Me despertaste."

"Lo siento", él dice rápidamente. Su cara se enrojeció. Se siente muy avergonzado. "Tengo un paquete. No sabemos a quién pertenece."

"¿Qué hay en él?", pregunta Diana.

"Algunas gafas. Son gafas para leer", dice Andrew.

"No uso gafas. Mi mamá no las usa. La caja no es para nosotras", dice Diana.

"Ok", dice Andrew. Se despide y sube las escaleras. Hay un apartamento más, el apartamento en el tercer piso. El Sr. Edwards vive solo en ese apartamento. Tiene un gran loro que sabe hablar. También tiene cuatro gatos y un perro. Su apartamento es viejo y oscuro. Andrew tiene miedo del Sr. Edwards. Toca el timbre. Tiene que averiguar a quién pertenece la caja.

"**Hola**", dice el Sr. Edwards. Su perro llega a la puerta. El perro ayuda al Sr. Edwards porque es ciego.

"Hola, Sr. Edwards. Soy Andrew", dice Andrew. El Sr. Edwards tiene los ojos cerrados. Sonríe.

"¿**Qué hay de nuevo**, Andrew?" Pregunta. Hmmm, piensa Andrew, quizás el Sr. Edwards no da miedo. Quizás el Sr. Edwards es sólo un agradable anciano que vive solo.

"Tengo un paquete y creo que es para usted", dice Andrew.

¡Ah sí! Mis gafas de lectura. ¡Finalmente!" sonríe el Sr. Edwards. Extiende sus manos. Andrew está confundido. Mira al perro. Parece estar sonriendo, también. Le da la caja al Sr. Edwards.

"**Qué bueno verte**", dice el Sr. Edwards.

"**Igualmente**", dice Andrew. Quizás visite al Sr. Edwards otro día. Se da la vuelta y se va a casa.

RESUMEN

Un niño, Andrew, recibe un paquete que no es para él. Es una caja con gafas. Se lo lleva a los vecinos, uno por uno, para averiguar a quién pertenece el paquete. Descubre que el paquete pertenece a su vecino, el Sr. Edwards, lo que es un poco sorprendente.

Lista de Vocabulario

Good morning	Buenos días
Hello	Hola
Sir	Señor
Thank you very much	Muchas gracias
Bye	Adiós
Morning!	Buen día
How are you?	¿Cómo estás?
Fine, thanks!	¡Bien, gracias!
And you?	¿Y tú? / ¿Y usted?
Ma'am	Señora
Hi	Hola
My name is...	Mi nombre es...
It's nice to meet you	Es un placer conocerte
Nice to meet you too	Encantado de conocerte también
How's it going?	¿Qué tal te va?
It's going	Todo bien
Hey	Hey
What's up	Qué pasa
What's new	Qué hay de nuevo
It's good to see you	Me alegro de verte

PREGUNTAS

1. ¿Quién está en la puerta principal cuando Andrew lo abre?
	a) un repartidor
	b) un gato
	c) un censista
	d) su padre

2. ¿Cómo describiría a la Sra. Smith?
	a) una chica hermosa
	b) una persona desagradable
	c) un mal vecino
	d) una buena anciana

3. ¿Quién vive en el segundo piso del edificio?
	a) nadie
	b) una chica de la escuela de Andrew
	c) una nueva familia
	d) Andrew

4. ¿Cómo crees que se siente Andrew con Diana?
	a) le gusta y piensa que es bonita
	b) la sigue en las redes sociales
	c) no le gusta
	d) no se conocen

5. ¿A quién pertenecen las gafas en el edificio?
	a) la anciana
	b) el hombre ciego
	c) Andrew y su familia
	d) nadie

RESPUESTAS

1. ¿Quién está en la puerta principal cuando Andrew lo abre?
	a) un repartidor

2. ¿Cómo describiría a la Sra. Smith?
	d) una buena anciana

3. ¿Quién vive en el segundo piso del edificio de apartamentos?
	c) una nueva familia

4. ¿Cómo crees que se siente Andrew con Diana?
	a) le gusta y piensa que es bonita

5. ¿A quién pertenecen las gafas en el edificio de apartamentos?
	b) el hombre ciego

Translation of the Story
The Mysterious Package

The doorbell rings.

Andrew runs to the door of the apartment. The doorbell never rings on Saturday mornings. Andrew is excited to see who is at the door. He opens the door.

"**Good morning**, little boy," says a delivery man. The man is dressed in a brown uniform and is carrying a brown box.

"**Hello, sir**," says Andrew.

"I have a package," the delivery man says. "It says 10 Main Street."
"This is 10 Main Street," says Andrew.

"The package has no name," says the delivery man. "It also has no apartment number."

"How strange!" says Andrew.

"Can you give it to the right person?" the man asks.

"I can try," says Andrew. He is only ten years old, but he feels important.

"**Thank you very much**," says the delivery man. He leaves. Andrew takes the box into his house. He stares at the box. It is about the size of a shoe box. It has no name on the outside, just 10 Main Street.

Andrew opens the cardboard box. He needs to know what is inside to find the owner. There is a small wood box inside the cardboard box. Andrew opens the wooden box. Inside the box are 10 different pairs of eyeglasses. They are different colors: pink and red, green polka dots, black and white. They are also different shapes: round, square and rectangle.

He closes the box and puts on his shoes.

"**Bye** mom! I'll be right back," he shouts.

Andrew knocks on the door across the hall from his house. It opens. A very old lady smiles at Andrew and the box.

"**Morning**, Mrs. Smith!" says Andrew.

"**How are you?**" asks the old lady.

"**Fine, thanks! And you?**" says Andrew.

"What do you have?" asks the old lady.

"**Ma'am,** this is a package. It belongs to someone in this building but I don't know who," says Andrew.

"It's not for me," says the old lady. "Impossible!"

"Oh, ok" says Andrew, disappointed. The old lady wears glasses. He thinks these glasses would look nice on her. He turns to leave.

"Come back later," calls the old lady. "I'm making cookies and some cookies are for you and your family."

Andrew goes up the stairs. His building has three floors. He is friends with almost everyone in the building. However, the apartment on the second floor has a new family. Andrew doesn't know them. He feels shy, but he rings the bell. A brown-haired man opens the door. He smiles.

"**Hi!**" says the man.

"Hello," says Andrew. "I live downstairs. **My name is** Andrew."

"**It's nice to meet you,** Andrew," the man says. "We are new to the building. I'm Mr. Jones."

"**Nice to meet you too,**" says Andrew. "This package belongs to someone in this building. Is it your package?"

"Impossible!" says the man. "My family and I just moved here. No one knows our address."

"Ok," says Andrew. "Nice to meet you then." The door closes. Another no. There are only two apartments left to try. In the next apartment is a family. The daughter goes to the same school as Andrew. She is a year older than Andrew. Her name is Diana. Andrew thinks she is very beautiful. He feels shy again, but he knocks on the door.

A pretty, blonde girl opens the door.

"**Hey,** Diana," Andrew smiles.

"What's up?" Diana says. Her pijamas are bright pink and her hair is messy.
"How's it going?" Andrew asks.

"It's going," Diana says. "I was asleep. You woke me up."

"I'm sorry," he says quickly. His face is red. He feels extra shy. "I have a package. We don't know who it belongs to."

"What is in it?" asks Diana.

"Some glasses. They are glasses for reading," says Andrew.

"I don't wear glasses. My mom doesn't use them. The box is not for us," says Diana.
"Ok," says Andrew. He waves goodbye and climbs the stairs. There is one more apartment, the apartment on the third floor. Mr. Edwards lives in this apartment, alone. He has a big parrot that knows how to talk. He also has four cats and a dog. His apartment is old and dark. Andrew feels afraid of Mr. Edwards. He rings the doorbell. He has to find out who the box belongs to.

"Hello," says Mr. Edwards. His dog comes to the door. The dog helps Mr. Edwards because he is blind.

"Hi, Mr. Edwards. It's Andrew," Andrew says. Mr. Edwards has his eyes closed. He smiles.

"What's new, Andrew?" He asks. Hmmm, Andrew thinks, maybe Mr. Edwards isn't scary. Maybe Mr. Edwards is just a nice old man that lives alone.

"I have a package and I think it is for you," says Andrew.

"Ah yes! My reading glasses. Finally!" smiles Mr. Edwards. He holds his hands out. Andrew is confused. He looks at the dog. It seems to be smiling, too. He gives Mr. Edwards the box.

"It's good to see you," says Mr. Edwards.

"You too," says Andrew. Maybe he will visit Mr. Edwards another day. He turns around and goes home.

CHAPTER 2
Mardi Gras /
Colors + Days of the Week

HISTORIA

Frank sale por la puerta principal. Su nueva casa es **violeta** con ventanas azules. Los colores son muy brillantes para una casa. En Nueva Orleans, su nuevo hogar, los edificios son coloridos.

Es nuevo en el barrio. Frank todavía no tiene amigos. La casa a su lado es un edificio alto y **rojo**. Allí vive una familia. Frank mira fijamente a la puerta, y un hombre la abre. Frank dice hola.

"¡Hola, vecino!", dice George. Él saluda. Frank camina hacia la casa roja.
"Hola, soy Frank, el nuevo vecino", dice Frank.

Encantado de conocerte. Mi nombre es George, dice George. Los hombres se dan la mano. George tiene una cadena de luces en sus manos. Las luces son **verdes**, **moradas** y **doradas**.

"¿Para qué son las luces?", pregunta Frank.

"Eres nuevo", se ríe George. "Es Mardi Gras, ¿no lo sabías? Estos colores representan las fiestas del carnaval aquí en Nueva Orleans."

"Oh, sí", dice Frank. Frank no sabe del carnaval. Tampoco tiene amigos con quienes hacer planes.

"Hoy es **viernes**", dice George. "Hay un desfile llamado Endymion. ¿Vendrás conmigo y la familia a verlo?"
"Sí", dice Frank. "¡Maravilloso!"

George pone las luces en la casa. Frank ayuda a George. George enciende las luces. La casa se ve festiva.

La familia y Frank van al desfile. Durante el Mardi Gras en Nueva Orleáns, hay desfiles todos los días. Los desfiles de la **semana** son pequeños. Los desfiles del fin de semana, **sábado** y **domingo**, son grandes, con muchas carrozas y personas. Hay un rey del Mardi Gras. Su nombre es Rex.

Mardi Gras significa "**Martes** de grasa". En Inglaterra, se llama Martes de Carnaval. La fiesta es católica. Es un día antes del **Miércoles** de Ceniza, el comienzo de la Cuaresma. El Mardi Gras es la celebración antes de la Cuaresma, es un momento muy serio. Para el jueves, los días especiales han terminado. Nueva Orleans es famosa por su carnaval. La gente tiene fiestas y usan máscaras y disfraces. De hecho, sólo se puede usar una máscara en Nueva Orleans en Mardi Gras. ¡El resto del año es ilegal!

George y su familia ven el desfile comenzar con Frank. Frank está sorprendido. Hay mucha gente mirando. Ellos están de pie en la hierba. Las carrozas pasan el grupo. Las carrozas son grandes estructuras con gente y decoraciones. Bajan por la calle, una por una.

El primer flotador representa el sol. Tiene decoraciones **amarillas**. Una mujer en el medio lleva un vestido **blanco**. Se ve como un ángel. Ella lanza juguetes **naranjas** y collares a la gente.

"¿Por qué tira los juguetes y los collares?", pregunta Frank.

"¡Para nosotros!", dice Hannah, la esposa de George. Hannah sostiene cinco collares en sus manos. Algunos collares están en el suelo. Nadie los atrapa. Están sucios y son **marrones**.

El desfile continúa. Hay muchas carrozas, y muchos collares. George y su familia gritan, "¡Tírame algo, señor!" Hannah llena su bolso **negro** con coloridos juguetes y collares de las carrozas. Frank aprende a gritar "¡Tírame algo!" para conseguir collares para sí mismo.

Una gran carroza tiene más de 250 personas en ella. Es la más grande del mundo.

Finalmente, el desfile termina. Los niños y los adultos son felices. Todos se van a casa. Frank está cansado. También tiene hambre y quiere comer. Sigue a George y a su familia hasta la casa **roja**. Hay una gran tarta redonda sobre la mesa. Parece un anillo, con un agujero en el medio. El pastel tiene un glaseado **morado**, **verde** y **amarillo** en la parte superior.

"Esto es pastel rey", dice Hannah. "Comemos pastel rey cada Mardi Gras."

Hannah corta un pedazo de pastel. Ella le da un pedazo a George, un pedazo a los niños, y un pedazo a Frank. Frank prueba el pastel. ¡Es delicioso! Sabe a canela. Es suave. Pero de repente Frank muerde el plástico.

"¡Ay!" dice Frank. Frank deja de comer. Saca un bebé de plástico del pastel.

"Hay una tradición más", dice George. "El pastel tiene un bebé en él. La persona que recibe el bebé compra el siguiente pastel."
"¡Ese soy yo!", dice Frank.

Todos se ríen. George invita a Frank a otro desfile el **lunes**.

Frank se va a casa feliz. Le encanta el Mardi Gras.

Lista de Vocabulario

violet	violeta
blue	azul
colors	colores
red	rojo
green	verde
purple	púrpura
gold	dorado
Friday	Viernes
week	semana
Saturday	Sábado
Sunday	Domingo
Tuesday	Martes
Wednesday	Miércoles
Thursday	Jueves
yellow	amarillo
white	blanco
orange	naranja
brown	marrón
black	negro
Monday	Lunes

PREGUNTAS

1) ¿Cómo describiría la nueva casa de Frank?
    a) aburrida
    b) colorida
    c) pequeña
    d) solitaria

2) ¿Qué color representa el Mardi Gras en Nueva Orleans?
    a) azul
    b) blanco
    c) naranja
    d) dorado

3) El Mardi Gras es una celebración:
    a) sólo para adultos.
    b) de la tradición de la iglesia judía.
    c) famosa en Nueva Orleans.
    d) que se hace dentro de una casa.

4) ¿Cuál de estos no está en una carroza de Mardi Gras?
    a) personas
    b) computadoras
    c) juguetes
    d) collares

5) ¿Qué pasa si encuentras al bebé en un pastel rey?
    a) lloras
    b) debes cuidar del bebé
    c) se lo das a tu amigo
    d) debes comprar una torta rey

RESPUESTAS

1) ¿Cómo describiría la nueva casa de Frank?
   a) aburrida

2) ¿Qué color representa el Mardi Gras en Nueva Orleans?
   d) dorado

3) El Mardi Gras es una celebración:
   c) famosa en Nueva Orleans.

4) ¿Cuál de ellos no está en una carroza de Mardi Gras?
   b) computadoras

5) ¿Qué pasa si encuentras al bebé en un pastel rey?
   d) debes comprar una torta rey

Translation of the Story
Mardi Gras

STORY

Frank steps out his front door. His new house is **violet** with **blue** windows. The **colors** are very bright for a house. In New Orleans, his new home, buildings are colorful.

He is new to the neighborhood. Frank does not have any friends yet. The house next to him is a tall, **red** building. A family lives there. Frank stares at the door, and a man opens it. Frank says hello.

"Hello, neighbor!" says George. He waves. Frank walks to the red house.
"Hi, I'm Frank, the new neighbor," says Frank.

"Nice to meet you. My name is George," George says. The men shake hands. George has a string of lights in his hands. The lights are **green**, **purple** and **gold**.

"What are the lights for?" asks Frank.

"You *are* new," laughs George. "It's Mardi Gras, didn't you know? These colors represent the holiday of carnival here in New Orleans."

"Oh, yes," says Frank. Frank does not know about carnival. He also has no friends to make plans with.

"Today is **Friday**," says George. "There is a parade called Endymion. Will you come with me and the family to watch?"

"Yes," Frank says. "Wonderful!"

George puts the lights on the house. Frank helps George. George turns on the lights. The house looks festive.

The family and Frank go to the parade. During Mardi Gras in New Orleans, there are parades every day. The parades during the **week** are small. The parades on the weekend, **Saturday** and **Sunday**, are big, with many floats and people. There is a king of Mardi Gras. His name is Rex.

Mardi Gras means 'Fat **Tuesday**'. In England, it is called Shrove Tuesday. The holiday is Catholic. It is one day before Ash **Wednesday**, the beginning of Lent. Mardi Gras is the celebration before Lent, a serious time. By **Thursday**, the special days are finished. New Orleans is famous for its Mardi Gras. People have parties and wear masks and costumes. In fact, you can only wear a mask in New Orleans on Mardi Gras. The rest of the year it is illegal!

George and his family watch the parade begin with Frank. Frank is surprised. There are many people watching. They stand in the grass. Floats pass the group. Floats are big structures with people and decorations. They go down the street, one by one.

The first float represents the sun. It has **yellow** decorations. A woman in the middle wears a **white** dress. She looks like an angel. She throws **orange** toys and beads to the people.

"Why does she throw the toys and necklaces?" asks Frank.

"For us!" says Hannah, George's wife. Hannah holds five necklaces in her hands. Some beads are on the ground. Nobody catches them. They are dirty and **brown**.

The parade continues. There are many floats, and many beads. George and his family shout, "Throw me something, mister!" Hannah fills her **black** bag with colorful toys and beads from the floats. Frank learns to shout "Throw me something!" to get beads for himself.

One big float has over 250 people on it. It is the largest in the world.

Finally, the parade ends. The children and the adults are happy. Everyone goes home. Frank is tired. He is also hungry and wants to eat. He follows George and his family into the **red** house. There is a big, round cake on the table. It looks like a ring, with a hole in the middle. The cake has **purple**, **green** and **yellow** frosting on top.

"This is king cake," Hannah says. "We eat king cake every Mardi Gras."

Hannah cuts a piece of cake. She gives one piece to George, one piece to the children, and one piece to Frank. Frank tastes the cake. It is delicious! It tastes like cinnamon. It is soft. But suddenly Frank bites into plastic.

"Ouch!" says Frank. Frank stops eating. He pulls a plastic baby out of the cake.

"There is one more tradition," says George. "The cake has a baby in it. The person who gets the baby buys the next cake."

"That's me!" Frank says.

Everyone laughs. George invites Frank to another parade on **Monday.**

Frank goes home happy. He loves Mardi Gras.

CHAPTER 3
Weird Weather / Weather

HISTORIA

Ivan tiene doce años. Visita a sus abuelos el fin de semana. Le encanta visitar a sus abuelos. La abuela le da galletas y leche todos los días. El abuelo le enseña cosas interesantes. Este fin de semana va a su casa.

Es febrero. Donde está Iván, es **invierno**. En febrero suele **nevar**. A Iván le encanta la nieve. Juega en ella y la hace rodar bolas de nieve. Este fin de semana de febrero, el **clima** es diferente. El sol brilla; está **soleado** y muy **caliente** ¿Ivan lleva una camiseta a la casa de su abuelo.

"¡Hola, abuelo! ¡Hola, abuela!" dice Ivan.

"¡Hola, Ivan!" dice la abuela.

"¡Iván! ¿Cómo estás?", dice el abuelo.

"Estoy bien", dice, y abraza a sus abuelos. Ivan se despide de su madre.

Entran en la casa. "Este clima es extraño", dice la abuela. "febrero es siempre **frío** y **nublado**. ¡No entiendo!"

"Es el **cambio climático**", dice Ivan. En la escuela, Ivan aprende sobre la contaminación. El clima varía debido a los cambios en la atmósfera. El cambio climático es la diferencia en el tiempo.

"No sé sobre el cambio climático", dice el abuelo. "**Predigo** el clima por lo que veo."

"¿Qué quieres decir?", pregunta Ivan.

"Esta mañana, el **cielo** es rojo", dice el abuelo. "Esto significa que sé que una tormenta se avecina."

"¿Cómo?", pregunta Ivan.

"Cielo rojo por la mañana, los marineros toman advertencia. Cielo rojo por la noche, placer de los marineros." El abuelo le dice a Iván acerca de este dicho.

Si el cielo es rojo al amanecer, significa que hay agua en el aire. La luz del sol brilla de color rojo. La tormenta viene hacia ustedes. Si el cielo es rojo al atardecer, el mal tiempo se va. Sin **meteorólogos**, la gente mira el cielo en busca de pistas sobre el clima.

"¿Cómo predicen los meteorólogos el clima?", pregunta Iván.

"Miran los patrones en la atmósfera", dice la abuela. "Miran la temperatura, si es caliente o fría. Y miran la presión del aire, lo que está sucediendo en la atmósfera."

"Predigo el clima de manera diferente", dice el abuelo. "Por ejemplo, sé que hoy lloverá."

"¿Cómo?", pregunta Ivan.
"El gato", dice el abuelo. Ivan mira al gato. El gato abre su boca y dice "ah-chuu".

"Cuando el gato estornuda o ronca, eso significa que viene la lluvia", dice el abuelo. Puede **lloviznar** o puede ser muy **lluvioso**, pero lloverá."

De repente, escuchan un fuerte sonido. Ivan mira por la ventana. Las gotas de lluvia caen con fuerza. La lluvia es fuerte. Ivan no puede escuchar lo que dice su abuelo.

"¿Qué?" dice Ivan

"Está **lloviendo gatos y perros**", dice el abuelo, sonriendo.

"¡ah!" ríe Ivan

"Sé otra forma de saber el clima", dice la abuela.
La abuela mira a las arañas para ver cuándo hará frío. Al final del **verano**, el clima cambia. El **otoño** trae brisa fresca. La abuela sabe que cuando las arañas entran, significa que viene el clima frío. Las arañas hacen una casa adentro antes del invierno. Así es como la abuela sabe cuándo llega el clima invernal.

La lluvia se detiene. El abuelo e Ivan salen. El abuelo y la abuela viven en una casa en el bosque. La casa tiene árboles a su alrededor. Es una casa pequeña. Ivan tiene frío con su camiseta. El clima no es soleado. El aire se mueve. Hace **viento**. El viento sopla a través del cabello de Ivan.

"Hace **frío** ahora", dice Ivan.

"Sí", dice el abuelo. "¿Cuál es la temperatura?"

"No lo sé", dice Ivan. "No tengo un termómetro".
"No necesitas uno", dice el abuelo. El abuelo le dice a Ivan que escuche. Ivan oye un sonido: *cri-cri-cri*. Es un insecto. El *cri-cri-cri* es el sonido de los grillos. El abuelo le enseña a Ivan. Ivan cuenta el *cri* durante catorce segundos. El abuelo suma 40 a ese número. Esa es la temperatura afuera. Ivan no sabía que los grillos eran como termómetros.

La abuela sale de la casa. Ella sonríe. Mira a Ivan contando el sonido del *cri*. "¡Hora de galletas y leche!" ella dice.

"¡Hurra!" dice Ivan

"¡Oh mira!" dice la abuela. "Es un arcoíris". El arcoíris va de la casa al bosque. Tiene muchos colores: rojo, naranja, amarillo, azul y verde. El arcoíris es hermoso. La abuela, el abuelo e Ivan miran el arcoíris. Desaparece y entran. "Galletas y leche para todos", dice la abuela. Ella le da a Ivan una galleta de chocolate caliente.

"No para mí", dice el abuelo. "Quiero té."

"¿Por qué el té?" dice la abuela. Ella tiene dos leches en la mano.

"Me siento con **mal tiempo**", dice el abuelo. Él ríe. Ivan y la abuela se ríen con él.

Lista de Vocabulario

winter	invierno
to snow	nevar
weather	clima
sunny	soleado
hot	caliente
cold	frío
cloudy	nublado
climate change	cambio climático
atmosphere	atmosfera
predict	predecir
sky	cielo
storm	tormenta
weathermen	meteorólogo
drizzle	llovizna
rainy	lluvioso
raining cats and dogs	lloviendo gatos y perros
summer	verano
autumn	otoño
windy	ventoso
temperature	temperatura
thermometer	termómetro
rainbow	arcoíris
under the weather	mal tiempo

PREGUNTAS

1) ¿Cómo suele ser el tiempo en febrero?
    a) caliente
    b) frío
    c) soleado
    d) fresco

2) ¿Cómo sabe el abuelo cómo será el clima?
    a) ve la televisión
    b) los meteorólogos
    c) observa la naturaleza
    d) no predice el tiempo

3) ¿Qué significa llover gatos y perros?
    a) la lluvia moja a los gatos
    b) está lloviendo sólo un poco
    c) gatos y perros caen del cielo
    d) está lloviendo muy fuerte

4) ¿Qué significa cuando las arañas entran?
    a) tienen hambre
    b) están listas para poner huevos
    c) el clima frío se acerca
    d) el clima cálido se acerca

5) ¿Por qué el abuelo pide té en lugar de leche?
    a) se siente un poco enfermo
    b) es alérgico a la leche
    c) quiere una bebida caliente
    d) hacer enojar a la abuela

RESPUESTAS

1) ¿Cómo suele ser el tiempo en febrero?
   a) caliente

2) ¿Cómo sabe el abuelo cómo será el clima?
   c) observa la naturaleza

3) ¿Qué significa llover gatos y perros?
   d) está lloviendo muy fuerte

4) ¿Qué significa cuando las arañas entran?
   c) el clima frío se acerca

5) ¿Por qué el abuelo pide té en lugar de leche?
   a) se siente un poco enfermo

Translation of the Story
Weird Weather

STORY

Ivan is twelve years old. He visits his grandparents on the weekend. He loves to visit his grandparents. Grandma gives him cookies and milk every day. Grandpa teaches him neat things. This weekend he goes to their house.

It is February. Where Ivan is, it is **winter**. In February, it usually **snows**. Ivan loves the snow. He plays in it and rolls it into balls. This February weekend, the **weather** is different. The sun is shining; it is **sunny** and almost **hot**! Ivan wears a T-shirt to his grandparent's house.

"Hi, Grandpa! Hi, Grandma!" Ivan says.
"Hello, Ivan!" Grandma says.

"Ivan! How are you?" says Grandpa.

"I'm good," he says, and he hugs his grandparents. Ivan says goodbye to his mom.

They go into the house. "This weather is strange," says Grandma. "February is always **cold** and **cloudy**. I don't understand!"

"It is **climate change**," says Ivan. In school, Ivan learns about contamination and pollution. The weather changes because of changes in the **atmosphere**. Climate change is the difference in the weather over time.

"I don't know about climate change," says Grandpa. "I **predict** the weather by what I see."
"What do you mean?" asks Ivan.

"This morning, the **sky** is red," says Grandpa. "This means I know a **storm** is coming."

"How?" asks Ivan.

"Red sky in the morning, sailors take warning. Red sky at night, sailor's delight." Grandpa tells Ivan about this saying.

If the sky is red at sunrise, it means there is water in the air. The light of the sun shines red. The storm is coming towards you. If the sky is red at sunset, the bad weather is leaving. Without **weathermen**, people watch the sky for clues about the weather.

"How do weathermen predict the weather?" asks Ivan.

"They look at patterns in the atmosphere," says Grandma. "They look at temperature, if it is hot or cold. And they look at air pressure, what is happening in the atmosphere."

"I predict the weather differently," says Grandpa. "For example, I know today it will **rain**."

"How?" asks Ivan.

"The cat," says Grandpa. Ivan looks at the cat. The cat opens its mouth and says 'ah-CHOO'.

"When the cat sneezes or snores, that means rain is coming," says Grandpa. It may **drizzle** or it may be very **rainy**, but it will rain."
Suddenly, they hear a loud sound. Ivan looks out the window. Drops of rain are falling hard. The rain is loud. Ivan can't hear what his Grandpa says.

"What?" says Ivan.

"It's **raining cats and dogs**," says Grandpa, smiling.

"Ha!" laughs Ivan.

"I know another way to tell the weather," says Grandma.

Grandma watches the spiders to see when the weather will be cold. At the end of **summer**, the weather changes. **Autumn** brings fresh, cool air. Grandma knows that when spiders come inside, it means cold weather is coming. The spiders make a house inside before winter. That is how grandma knows when the winter weather comes.

The rain stops. Grandpa and Ivan go out. Grandpa and Grandma live in a house in the forest. The house has trees around it. It is a small house. Ivan is cold in his T-shirt. The weather is not sunny. The air is moving. It is **windy**. The wind blows through Ivan's hair.

"It is **cold** now," says Ivan.

"Yes," says Grandpa. "What is the temperature?"

"I don't know," says Ivan. "I don't have a thermometer."

"You don't need one," says Grandpa. Grandpa tells Ivan to listen. Ivan hears a sound: *cri-cri-cri*. It is an insect. The *cri-cri-cri* is the sound of crickets. Grandpa teaches Ivan. Ivan counts the *cri* for fourteen seconds. Grandpa adds 40 to that number. That is the temperature outside. Ivan did not know crickets were like thermometers.

Grandma comes out of the house. She smiles. She watches Ivan counting the *cri* sound. "Time for cookies and milk!" she says.

"Yay!" says Ivan.

"Oh, look!" says Grandma. "It's a rainbow." The rainbow goes from the house to the forest. It has many colors: red, orange, yellow, blue and green. The rainbow is beautiful. Grandma, Grandpa and Ivan watch the rainbow. It disappears and they go inside.
"Cookies and milk for everyone," says Grandma. She gives Ivan a warm chocolate cookie.

"Not for me," says Grandpa. "I want tea."

"Why tea?" says Grandma. She has two milks in her hand.

"I'm feeling **under the weather**," says Grandpa. He laughs. Ivan and Grandma laugh with him.

Spanish Dialogues for Beginners
Book 2

Over 100 Daily Used Phrases and Short Stories to Learn Spanish in Your Car. Have Fun and Grow Your Vocabulary with Crazy Effective Language Learning Lessons

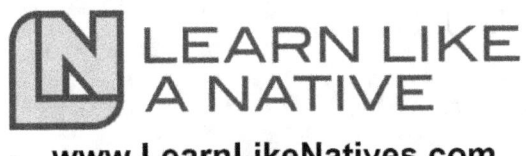

www.LearnLikeNatives.com

CHAPTER 4
John's Homework / School + Classroom

HISTORIA

La Sra. Kloss es una **maestra** de cuarto grado. Enseña en la Escuela Primaria Homewood. La **escuela** está en un edificio de ladrillos rojo. Queda en un pueblo pequeño.

La Sra. Kloss tiene una **clase** de 15 estudiantes. Sus **estudiantes** son niños y niñas. Generalmente son buenos estudiantes. La Sra. Kloss tiene una rutina. Sus estudiantes empiezan el día en sus **escritorios**, sentados en sus **sillas**. La Sra. Kloss **pasa lista**.

"¿Louise?", dice ella.

"¡Aquí!" grita Louise.

"¿Mike?" dice la Sra. Kloss.

"Presente", dice Mike.

"¿John?"

"Aquí, Sra. Kloss", dice John.

Y así sucesivamente. Después de pasar lista, la Sra. Kloss comienza el día con **matemáticas**. Para sus estudiantes, las matemáticas son difíciles. La clase escucha a la Sra.

Kloss enseñar. Observan como escribe en la **pizarra**. A veces, un estudiante resuelve un problema frente a la clase. Usan **tiza** para escribir la solución. Los otros estudiantes hacen los problemas en sus **cuadernos**.

El momento favorito de todos es el almuerzo. La clase va al comedor. Tienen dos opciones. Una opción es una comida saludable de carne y verduras. La otra opción es pizza o hamburguesas. Algunos estudiantes traen un almuerzo de casa.

Por la tarde, estudian **historia**. Los viernes, tienen clase de ciencias en el laboratorio. Hacen **experimentos**, como cultivar plantas de un pedazo de papa.

La Sra. Kloss les da a sus estudiantes **tarea** todos los días. Se llevan el trabajo a casa. Trabajan de noche. Al día siguiente, lo traen a la escuela. La única excusa para los deberes incompletos es una nota de sus padres.
Un día, la clase revisa los deberes de **inglés** juntos.

"Todos, por favor traigan sus **papeles** a mi escritorio", dice la Sra. Kloss. Todos llevan sus tareas a la Sra. Kloss. Todos excepto John.

"John, ¿dónde está tu tarea?" dice la Sra. Kloss.

La cara de John está muy roja. Está nervioso.

"No lo tengo", dice John.

"¿Tiene una nota de sus padres?", pregunta la Sra. Kloss.

"No", dice John.

"¿Por qué no hiciste tu tarea, entonces?" pregunta la Sra. Kloss. John dice algo muy calladamente.

"¿Qué? No podemos oírte", dice la Sra. Kloss. Ella le da a John una sonrisa amable. Parece nervioso.

"Mi perro se comió mi tarea", dice John. La Sra. Kloss y los otros estudiantes se ríen. Esta excusa es la excusa más típica cuando no han hecho el trabajo.

"¿Está en tu **mochila**? ¿O quizás en tu **casillero**?" pregunta la Sra. Kloss. Quiere ayudar a John.

"¡No, mi perro se lo comió!" insiste John.

"Esa es la **excusa más vieja del libro**", dice la Sra. Kloss.
"¡Es verdad!", dice John. John es un buen estudiante. Normalmente **saca A**. La Sra. Kloss no quiere enviar a Jon a la **oficina del director** por mentir. No le cree a John, pero decide darle otra oportunidad.

"Traiga la tarea mañana", dice la Sra. Kloss. "Aquí tiene otra copia". John toma la **hoja de trabajo** y agradece a la Sra. Kloss. La clase saca su cuaderno de **arte**. Hoy en clase de arte están dibujando con **lápices** de colores. Los estudiantes aman las clases de arte. Es una oportunidad para relajarse. Dibujan y dibujan hasta que suena la **campana**. La escuela ha terminado.

Los estudiantes hablan en los pasillos. Intercambian notas. Los estudiantes de cuarto grado esperan afuera. Sus padres los recogen. Algunos de ellos se van a pie.

Algunos de ellos se van en coches. Los profesores les ayudan a encontrar a sus padres.

La Sra. Kloss termina su trabajo. Empaca su **laptop** en su bolsa. Su aula está limpia y vacía. Sale a la calle. Mientras camina hacia su auto, ve a John y a su papá. El padre de John lo recoge con su perro. La Sra. Kloss saluda a John y a su padre.

"¡Hola, John!" dice la Sra. Kloss.

"Buenas tardes, Sra. Kloss", dice John.

"¿Este es el perro que se comió tu tarea?" pregunta la Sra. Kloss. Ella sonríe, así que John sabe que está bromeando.

"Sí, Sra. Kloss", dice el padre de John. "Gracias por entender. ¡John está tan preocupado por meterse en problemas!"

¡La Sra. Kloss está conmocionada! Esta vez, el perro realmente se comió la tarea.

Lista de Vocabulario

teacher	profesor / profesora
school	escuela
class	clase
students	estudiantes
desk	escritorio
chair	silla
roll call	pasar lista
math	matemáticas
blackboard	pizarra
chalk	tiza
notebook	cuaderno
history	historia
science	ciencia
lab	laboratorio
experiment	experimento
homework	tarea
English	inglés
papers	papeles
backpack	mochila
locker	casillero
the oldest excuse in the book	la excusa más antigua del libro
straight A's	sobresaliente
principal's office	oficina del director
worksheet	hoja de trabajo
pencils	lápices
bell	campana
laptop	laptop

PREGUNTAS

1) ¿Cómo comienza el día en la clase de la Sra. Kloss?
    a) los estudiantes se ponen de pie y gritan
    b) con una tarea asignada
    c) pasando lista
    d) La Sra. Kloss grita

2) ¿Cuál es la hora favorita del día en la Escuela Primaria Homewood?
    a) pasar la lista
    b) hora del almuerzo
    c) clase de matemáticas
    d) después de que suena la campana

3) ¿Por qué la Sra. Kloss dice que la excusa de John es la más antigua del libro?
    a) porque todo el mundo usa esa excusa
    b) Juan es el mayor de la clase
    c) olvidó su libro
    d) su perro tiene siete años

4) ¿Qué tienes que tener si no haces tú tarea?
    a) un experimento científico
    b) una buena excusa
    c) nada, está bien
    d) una nota de tus padres

5) ¿Por qué se sorprende la Sra. Kloss al final de la historia?
    a) se da cuenta de que John estaba diciendo la verdad
    b) El perro de Juan es en realidad un caballo
    c) Juan no le habla
    d) El padre de John se parece a John

RESPUESTAS

1) ¿Cómo comienza el día en la clase de la Sra. Kloss?
    c) pasando lista

2) ¿Cuál es la hora favorita del día en la Escuela Primaria Homewood?
    b) hora del almuerzo

3) ¿Por qué la Sra. Kloss dice que la excusa de John es la más antigua del libro?
    a) porque todo el mundo usa esa excusa

4) ¿Qué tienes que tener si no haces tú tarea?
    d) una nota de tus padres

5) ¿Por qué se sorprende la Sra. Kloss al final de la historia?
    a) se da cuenta de que John estaba diciendo la verdad

Translation of the Story
John's Homework

STORY

Mrs. Kloss is a grade 4 **teacher**. She teaches at Homewood Elementary School. The **school** is in a red brick building. It is in a small town.

Mrs. Kloss has a **class** of 15 students. Her **students** are boys and girls. They are usually good students. Mrs. Kloss has a routine. Her students start the day at their **desks**, seated in their **chairs**. Mrs. Kloss calls **roll call**.

"Louise?" she says.

"Here!" shouts Louise.
"Mike?" says Mrs. Kloss.

"Present," says Mike.

"John?"

"Here, Mrs. Kloss," John says.

And so on. After roll call, Mrs. Kloss starts the day with **math**. For her students, math is difficult. The class listens to Mrs. Kloss teach. They watch as she writes on the **blackboard**. Sometimes, one student solves a problem in front of the class. They use **chalk** to write out the solution. The other students do the problems in their **notebooks**.

Everyone's favorite time is lunch time. The class goes to the lunchroom. They have two choices. One choice is a healthy meal of meat and vegetables. The other choice is pizza or hamburgers. Some students bring a lunch from home.

In the afternoon, they study **history**. On Fridays, they have **science** class in the **lab**. They do **experiments**, like growing plants from a piece of potato.

Mrs. Kloss gives her students **homework** every day. They take the work home. They work at night. The next day, they bring it to school. The only excuse for incomplete homework is a note from their parents.

One day, the class reviews the **English** homework together.
"Everyone, please bring your **papers** to my desk," says Mrs. Kloss. Everyone brings their homework to Mrs. Kloss. Everyone except for John.
"John, where is your homework?" says Mrs. Kloss.

John's face is very red. He is nervous.

"I don't have it," says John.

"Do you have a note from your parents?" asks Mrs. Kloss.

"No," says John.

"Why didn't you do your homework, then?" asks Mrs. Kloss. John says something very quietly.
"What? We can't hear you," says Mrs. Kloss. She gives John a kind smile. He looks nervous.

"My dog ate my homework," says John. Mrs. Kloss and the other students laugh. This excuse is the most typical excuse for not having work done.

"Is it in your **backpack**? Or maybe your **locker**?" asks Mrs. Kloss. She wants to help John.

"No, my dog ate it!" insists John.

"That's the **oldest excuse in the book**," says Mrs. Kloss.

"It is true!" says John. John is a good student. He usually makes **straight A's**. Mrs. Kloss does not want to send Jon to the **principal's office** for lying. She does not believe John, but she decides to give him another chance.

"Bring the homework tomorrow," says Mrs. Kloss. "Here is another copy." John takes the **worksheet** and thanks Mrs. Kloss. The class turns to their **art** notebook. Today in art class they are drawing a picture with colored **pencils**. Students love art class. It is a chance to relax. They draw and draw until the **bell** rings. School is over.

Students talk in the hallways. They exchange notes. The Grade 4 students wait outside. Their parents pick them up. Some of them are on foot. Some of them are in cars. The teachers help them to find their parents.

Mrs. Kloss finishes her work. She packs her **laptop** into her bag. Her classroom is clean and empty. She goes outside. As she walks to her car, she see John and his dad. John's father picks him up with their dog. Mrs. Kloss waves to John and his father.

"Hello, John!" says Mrs. Kloss.

"Good afternoon, Mrs. Kloss," John says.

"Is this the dog that ate your homework?" asks Mrs. Kloss. She smiles, so John knows she is teasing.

"Yes, Mrs. Kloss," says John's father. "Thank you for understanding. John is so worried about getting in trouble!"

Mrs. Kloss is shocked! This time, the dog really did eat the homework.

CHAPTER 5
Thrift Store Bargain / house and furniture

HISTORIA

Louise y Mary son mejores amigas. También son compañeras de piso. Comparten un apartamento en el centro de la ciudad. Hoy quieren comprar muebles para su casa. Louise y Mary son estudiantes. No tienen mucho dinero.

"¿Dónde podemos comprar?", le pregunta Louise a Mary.

"Necesitamos muchos muebles", dice Mary. Le preocupa el dinero.
"Lo sé", dice Louise. "Necesitamos encontrar una **oferta**."

"Tengo una idea. ¡Vamos a la tienda de segunda mano!", dice Mary.

"¡Gran idea!", dice Louise.

Las dos chicas conducen el coche a la tienda de segunda mano. Es una tienda gigante. El edificio es más grande que diez **casas**.

Las chicas aparcan el coche. El aparcamiento está vacío.

"Vaya", dice Louise. "La tienda es muy grande."
"Totalmente", dice María. "Y no hay nadie aquí."

"Seremos las únicas personas", dice Louise. "Podemos **sentirnos como en casa**."

Las chicas entran en la tienda. La tienda lo tiene todo. A la derecha, está la sección de cocina. Hay **refrigeradores** altos y **microondas** viejos en los **estantes**. Hay **tostadoras** de todos los colores. Los precios son buenos. Un microondas cuesta solamente $10.

Todo es una oferta. Los artículos son usados y de segunda mano. Sin embargo, Mary y Louise encuentran artículos que les gustan. Hay más de una docena de sofás. Ellas necesitan un **sofá**. Pasan el tiempo hablando de los diferentes sofás. A Mary le gusta un sofá de cuero marrón. A Louise le gusta un gran sofá púrpura. No pueden decidir. Louise ve una **silla** púrpura. Las chicas deciden adquirir el sofá y la silla púrpura para que coincidan. Es perfecto para su hogar.

"Necesito una **cama** para mi **dormitorio**", dice Louise.

Las chicas caminan a la zona del dormitorio. Primero, pasan la sección de arte.

"Ya sabes, necesitamos algo para las **paredes**", dice Louise. Mary está de acuerdo. Hay cuadros grandes, cuadros pequeños, **marcos** vacíos y fotografías en marcos. Louise decide una pintura grande y abstracta. Tiene líneas de salpicaduras de pintura roja, azul y negra.

"Puedo pintar así", dice Mary. "Parece la pintura de un niño."
"Son sólo cinco dólares", dice Louise.

"¡Oh, está bien!" dice Mary.

Las chicas terminan de comprar. Louise también encuentra una **lámpara** para su dormitorio. Su dormitorio es demasiado oscuro. Mary elige una **alfombra** para el **baño**. Las chicas son muy felices. Gastan sólo $ 100 dólares para todos los muebles.

"Por eso comprar en la tienda de segunda mano es una ganga", dice Louise.

"¡Sí, tenemos **todo menos el fregadero**!", dice Mary.

Mary y Louise tienen una fiesta en su apartamento esa noche. Es una fiesta para dar la bienvenida a sus amigos. Mary y Louise quieren mostrar sus nuevos muebles.

Suena el timbre. Mary abre la **puerta**. Nick es el primero en llegar. Nick es el amigo de Mary. Nick también es un estudiante. Estudia historia del arte.

"Hola, señoritas", dice Nick. "Gracias por invitarme."

"¡Entra, Nick!", dice Mary. Nick entra en el **vestíbulo**. Ella lo abraza.

"¿Quieres ver nuestras cosas nuevas?", pregunta Louise.

"¡Sí!", dice Nick.

Louise y Mary muestran a Nick el apartamento. Están contentos con la **sala de estar**. El nuevo sofá, silla y la pintura se ven muy bien.

"Todo esto es de la tienda de segunda mano", dice Mary. Está orgullosa.

Nick camina hacia la pintura. "Me gusta mucho esta pintura", dice.

"Yo también", dice Louise. "Yo la escogí."

"Me recuerda a Jackson Pollock", dice Nick.

"¿Quién es Jackson Pollock?", pregunta Mary.

"Es un pintor muy famoso", dice Nick. "Salpica pintura sobre lienzo. Igual que éste." Nick mira de cerca la pintura.

"¿Está firmado?", pregunta. Louise sacude la cabeza no. "Miremos detrás de él entonces."
Sacan la pintura del marco y la dan vuelta. Todos están tranquilos. En la parte inferior hay una firma que se parece a Jackson Pollock.

"¿Cuánto pagaste por esto?" pregunta Nick.

"Unos cinco dólares", dice Louise.

"Esto probablemente valga por lo menos $10 millones de dólares", dice Nick. Está sorprendido. Mary mira a Louise. Louise mira a Mary.

"¿Alguien quiere una copa de champán?", dice Mary.

¡Eso sí que es una ganga!

Lista de Vocabulario

roommates	compañeros de cuarto
apartment	apartamento
furniture	mueble
home	hogar
bargain	Oferta / Ganga
thrift store	tienda de segunda mano
house	casa
make ourselves at home	sentirnos como en casa
kitchen	cocina
refrigerators	refrigeradores
microwaves	microondas
shelves	estantes
toasters	tostadoras
chair	silla
table	mesa
sofa	sofá
bed	cama
bedroom	dormitorio
wall	pared
frame	marco
lamp	lámpara
carpet	alfombra
bathroom	baño
everything but the kitchen sink	todo menos el fregadero de la cocina
door	puerta
foyer	vestíbulo
living room	sala de estar

PREGUNTAS

1) ¿Por qué Mary y Louise van a la tienda de segunda mano?
    a) Ellas necesitan dinero.
    b) Necesitan muebles, pero no tienen mucho dinero.
    c) Tienen muebles que vender.
    d) Ellas quieren divertirse.

2) ¿Por qué los precios en la tienda de segunda mano son tan bajos?
    a) Es temporada de venta.
    b) Se está cerrando.
    c) Los artículos son usados.
    d) Los precios son normales, no bajos.

3) ¿Cuál de los siguientes artículos va en una cocina?
    a) cama
    b) microondas
    c) ducha
    d) sofá

4) ¿Cómo sabe Nick tanto sobre la pintura?
    a) Es un comerciante de arte profesional.
    b) El cuadro pertenece a Nick.
    c) Estudia el arte.
    d) Leyó un libro.

5) Al final, María y Luisa están...
    a) tristes.
    b) sorprendidas y ricas.
    c) enojadas con Nick.
    d) demasiado cansadas para tener una fiesta.

RESPUESTAS

1) ¿Por qué Mary y Louise van a la tienda de segunda mano?
   b) Necesitan muebles, pero no tienen mucho dinero.

2) ¿Por qué los precios en la tienda de segunda mano son tan bajos?
   c) Los artículos son usados.

3) ¿Cuál de los siguientes artículos va en una cocina?
   b) microondas

4) ¿Cómo sabe Nick tanto sobre la pintura?
   c) Estudia el arte.

5) Al final, María y Luisa están...
   b) sorprendidas y ricas.

Translation of the Story
Thrift Store Bargain

STORY

Louise and Mary are best friends. They are also **roommates**. They share an **apartment** in the center of town. Today they want to shop for **furniture** for their **home**. Louise and Mary are both students. They do not have much money.

"Where can we shop?" Louise asks Mary.

"We need a lot of furniture," Mary says. She is worried about money.

"I know," says Louise. "We need to find a **bargain**."

"I have an idea. Let's go to the thrift store!" says Mary.

"Great idea!" says Louise.

The two girls drive the car to the thrift store. It is a giant store. The building is bigger than ten **houses**.

The girls park the car. The parking lot is empty.

"Wow," says Louise. "The store is very big."

"Totally," says Mary. "And there is nobody here."

"We will be the only people," says Louise. "We can **make ourselves at home**."

The girls walk into the store. The store has everything. On the right, there is the **kitchen** section. There are tall **refrigerators** and old **microwaves** on the **shelves**. There are **toasters** of all colors. The prices are good. A microwave costs only $10.

Everything is a bargain. The items are used and second-hand. However, Mary and Louise find items that they like. There are more than a dozen sofas. Mary and Louise need a **sofa**. They spend time talking about the different sofas. Mary likes a brown leather sofa. Louise likes a big purple sofa. They cannot decide. Louise sees a purple **chair**. The girls decide to get the purple sofa and chair so that they match. It is perfect for their home.

"I need a **bed** for my **bedroom**," says Louise.

The girls walk to the bedroom area. First, they pass the art section.

"You know, we need something for the **walls**," says Louise. Mary agrees. There are big paintings, small paintings, empty **frames**, and photographs in frames. Louise decides on a big, abstract painting. It has lines of splattered red, blue, and black paint.

"I can paint like that," says Mary. "It looks like a child's painting."

"It's only five dollars," says Louise.

"Oh, ok!" says Mary.

The girls finish shopping. Louise also finds a **lamp** for her bedroom. Her bedroom is too dark. Mary chooses a **carpet** for the **bathroom**. The girls are very happy. They spend only $100 dollars for all the furniture.

"That is why shopping at the thrift store is a bargain," says Louise.

"Yes, we got **everything but the kitchen sink!**" says Mary.

Mary and Louise have a party in their apartment that night. It is a party to welcome friends. Mary and Louise want to show their new furniture.

The doorbell rings. Mary opens the **door**. Nick is the first to arrive. Nick is Mary's friend. Nick is also a student. He studies art history.

"Hi, ladies," says Nick. "Thank you for inviting me."

"Come in, Nick!" says Mary. Nick steps into the **foyer**. She hugs him.

"Do you want to see our new stuff?" asks Louise.

"Yeah!" says Nick.

Louise and Mary show Nick around the apartment. They are happy with the **living room**. The new sofa, chair and painting looks great.

"All of this is from the thrift store," says Mary. She is proud.

Nick walks up to the painting. "I really like this painting," he says.

"I do too," says Louise. "I chose it."

"It reminds me of Jackson Pollock," says Nick.

"Who is Jackson Pollock?" asks Mary.

"He is a very famous painter," says Nick. "He splashes paint onto canvas. Just like this one." Nick looks closely at the painting.

"Is it signed?" he asks. Louise shakes her head no. "Let's look behind it then."
They take the painting out of the frame and turn it around. They all are quiet. On the bottom is a signature that looks like 'Jackson Pollock'.

"How much did you pay for this?" asks Nick.

"About five dollars," says Louise.

"This is probably worth at least $10 million dollars," says Nick. He is shocked. Mary looks at Louise. Louise looks at Mary.

"Does anyone want a glass of champagne?" says Mary.

Now that is a bargain!

CHAPTER 6
The Goat / common present tense verbs

Ollie se despierta. El sol brilla. Recuerda: es sábado. Hoy su padre no **trabaja**. Eso significa que Ollie y su padre **hacen** algo juntos. ¿Qué pueden hacer? Ollie **quiere** ir al cine. También quiere jugar videojuegos.

Ollie tiene doce años. Va a la escuela. El sábado no va a la escuela. **Usa** el sábado para hacer lo que quiera. Su padre le deja decidir. Así que Ollie quiere hacer algo divertido.

"¡Paaaaaaa!" **llama** Ollie. "¡**Ven** aquí!"

Ollie espera.
Su padre entra en la habitación de Ollie.

"Hoy es sábado", **dice** Ollie.

"Lo **sé**, hijo", dice el padre de Ollie.

"¡Quiero hacer algo divertido!", dice Ollie.

"Yo también", dice papá.

"¿Qué podemos hacer?", **pregunta** Ollie.

"¿Qué quieres hacer?", le pregunta su padre.

"Vamos al cine", dice Ollie.

"Siempre vamos al cine los sábados", dice el padre de Ollie.

"Juguemos videojuegos", dice Ollie.

"¡Jugamos videojuegos todos los días!", dice papá.

"Ok, ok", dice Ollie. Él **piensa**. Recuerda a su maestro en la escuela. Su maestro les **dice** a los estudiantes que salgan, que el aire fresco es bueno. En la escuela, ellos estudian animales. Ollie aprende acerca de los animales de la selva, los animales del océano, y los animales de las granjas.

¡Eso es, ya está!

"¡Papá, vamos a una granja!", dice Ollie. El padre de Ollie piensa que es una gran idea. Siempre ha querido **ver** y tocar animales de granja.

Toman el coche. El padre de Ollie conduce al campo. Ven un cartel que dice "Granja de animales". Siguen las indicaciones y aparcan el coche.

Ollie y su papá compran tickets para entrar. Los tickets cuestan $5. Salen de la taquilla. Hay un gran edificio de madera, la granja. Detrás de la casa de campo, hay un campo enorme. El campo tiene árboles, césped, y cercas. En cada valla hay un tipo diferente de animal. Hay cientos de animales.

Ollie está emocionado. Ve pollos, caballos, patos y cerdos. Los toca y los escucha. Ollie **hace** un sonido a cada animal. A los patos les dice "cuac". A los cerdos les dice "oink". A los caballos les dice "nay". A los pollos les dice "pio pio". Los animales miran a Ollie.

Más allá de los animales en jaulas, Ollie ve un rebaño de ovejas. El padre de Ollie le dice que las ovejas hembras se llaman ovejas. Las ovejas machos son carneros. Las ovejas bebé se llaman corderos. Las ovejas están comiendo hierba.
"Pueden vernos", dice papá.

"Pero no nos están mirando", dice Ollie.

"Las ovejas pueden ver detrás de sí mismas. No tienen que girar la cabeza", dice papá. El padre de Ollie sabe mucho sobre las ovejas.

"Cortan el pelo de las ovejas en primavera", dice papá. Le dice a Ollie cómo la lana de las ovejas se **convierte** en suéteres, bufandas y otras prendas de abrigo. Ollie tiene un suéter hecho de lana. Es cálido.

Ollie y su papá caminan por el campo. La hierba es verde. Hay vacas en una esquina. Una de las vacas madres alimenta a un ternero.

"¿Sabes lo que hacen las vacas, Ollie?" pregunta papá.

"¡Dah! ¡Leche!", dice Ollie.

"Así es", dice papá.

Ollie escucha un sonido animal. **Toma** la mano de su padre. Caminan hacia el sonido. Llegan a una cerca. **Encuentran** una cabra. La cabra tiene cuernos clavados en la cerca. La cabra se sienta en el suelo. No se mueve. Sus cuernos están entre la madera y no puede moverse. Ollie y su padre miran a la cabra.

"Me siento tan mal por la cabra", dice Ollie. Parece triste.

"¡Pobre chico!" dice papá.

"Se ve tan triste", dice Ollie.

"Podemos ayudarlo", dice papá.

"¡Sí!" dice Ollie.

Se acercan a la cabra. Ollie está nervioso. Papá dice que no se preocupe. Los cuernos están atascados y la cabra no les hará daño. Ollie mira a los ojos de la cabra. La cabra **necesita** ayuda. Ollie habla con la cabra. **Trata** de hacer sonidos suaves. Quiere mantener la cabra en calma.

El padre de Ollie intenta mover los cuernos. Intenta el cuerno derecho. Intenta el cuerno izquierdo. No se mueven. Después de diez minutos, se **rinden**.

"No puedo hacerlo", dice el padre de Ollie.

"¿Estás seguro?" pregunta Ollie.

"Los cuernos están atascados", dice papá.

"¿Qué hacemos?", pregunta Ollie.

El área alrededor de la cabra es barro. No hay hierba. El padre de Ollie toma un poco de hierba de la tierra y la lleva a la cabra. La cabra se come la hierba. Parece hambrienta. La hierba se ha ido. Ollie consigue más hierba para llevar a la cabra. Acarician a la cabra por unos minutos. La cabra parece agradecida.

"Vamos a decirle al dueño", dice papá.

"Sí", dice Ollie. "Quizás puedan ayudarla."

Ollie y su padre van a la taquilla. La taquilla es una pequeña estructura en la entrada. Un hombre trabaja allí. Ollie y su padre entran.

"Hola, señor", dice el padre de Ollie.

"¿Cómo puedo ayudarte?", pregunta el hombre.
"Hay una cabra-", dice el padre de Ollie.

El hombre interrumpe al padre de Ollie. Agita su mano. Se ve aburrido. "Sí, lo sabemos."

"¿Sabes lo de la cabra?" pregunta Ollie.

"¿La cabra atrapada en la cerca?" pregunta el hombre.

"¡Sí!", dicen Ollie y su papá.

"Oh sí, esa es Patty", dice el hombre. "Ella puede salir cuando quiera. Sólo le gusta la atención."

Ollie le **da** a su papá una mirada sorprendida. Ollie y su papá se ríen.

"Patty, ¡qué cabra!" dice Ollie.

RESUMEN
Ollie se despierta un sábado. Él y su padre deciden hacer algo divertido. Van a una granja para ver animales. Ven y tocan muchos animales: vacas, caballos, ovejas, y más. Caminan alrededor de la granja. Es un día hermoso. Encuentran una cabra atrapada en una cerca. Tratan de ayudar a la cabra. La cabra está atascada por los cuernos. Le dan de comer hierba. Ollie y su padre van a buscar ayuda. El hombre en la taquilla los escucha. Les dice que a la cabra le gusta engañar a la gente para llamar la atención. Ollie y su papá se ríen.

Lista de Vocabulario

to work	trabajar
to do	hacer
to want	querer
to go	ir
to use	utilizar
to call	llamar
to come	venir
to say	decir
to know	saber
to ask	preguntar
to think	pensar
to tell	decir
to see	ver
to become	convertir
to make	hacer
to take	tomar
to find	encontrar
to feel	sentir
to look	mirar
to get	obtener
to need	necesitar
to try	intentar
to give	dar

PREGUNTAS

1) ¿Qué deciden hacer Ollie y su padre el sábado?
    a) ir al cine
    b) ir a una granja
    c) jugar videojuegos
    d) ir a la escuela

2) ¿De qué animal sabe mucho el padre de Ollie?
    a) ovejas
    b) cerdos
    c) jirafas
    d) vacas

3) ¿Qué le pasa a la cabra?
    a) se esconde
    b) come
    c) se ha atascado
    d) está enojada

4) ¿Qué hacen Ollie y su padre por la cabra?
    a) liberarla
    b) darle hierba y acariciarla
    c) llamar a la policía para conseguirlo
    d) darle un beso

5) ¿Qué hace Patty?
    a) deja la granja
    b) ella come basura
    c) va a la taquilla
    d) actúa que está atascada para llamar la atención

RESPUESTAS

1) ¿Qué deciden hacer Ollie y su padre el sábado?
    b) ir a una granja

2) ¿De qué animal sabe mucho el padre de Ollie?
    a) ovejas

3) ¿Qué le pasa a la cabra?
    c) se ha atascado

4) ¿Qué hacen Ollie y su padre por la cabra?
    b) darle hierba y acariciarla

5) ¿Qué hace Patty?
    d) actúa que está atascada para llamar la atención

Translation of the Story
The Goat

Ollie wakes up. The sun is shining. He remembers: it is Saturday. Today his dad does not **work**. That means Ollie and his dad **do** something together. What can they do? Ollie **wants** to go to the movies. He also wants to play video games.

Ollie is twelve years old. He goes to school. Saturday he does not go to school. He **uses** Saturday to do what he wants. His dad lets him decide. So Ollie wants to do something fun.

"Daaaaaad!" **calls** Ollie. "**Come** here!"

Ollie waits.
His dad enters Ollie's bedroom.

"Today is Saturday," **says** Ollie.

"I **know**, son," says Ollie's dad.

"I want to do something fun!" says Ollie.

"Me too," says Dad.

"What can we do?" **asks** Ollie.

"What do you want to do?" asks his dad.

"Go to the movies," says Ollie.

"We always go to the movies on Saturday," says Ollie's dad.

"Play video games," says Ollie.

"We play video games everyday!" says Dad.

"Ok, ok," says Ollie. He **thinks**. He remembers his teacher at school. His teacher **tells** the students to go outside. The teacher tells them the fresh air is good. At school, they study animals. Ollie learns about animals in the jungle, animals in the ocean, and animals on farms.

That's it!

"Dad, let's go to a farm!" says Ollie. Ollie's dad thinks that is a great idea. He has always wanted to **see** and touch farm animals.
They take the car. Ollie's dad drives to the countryside. They see a sign that says "Animal Farm". They follow the signs and park the car.

Ollie and his dad buy tickets to enter. Tickets cost $5. They leave the ticket office. There is a big wooden building, the farmhouse. Behind the farmhouse, there is a huge field. The field has trees, grass, and fences. In each fence is a different type of animal. There are hundreds of animals.

Ollie is excited. He sees chickens, horses, ducks, and pigs. He touches them and listens to them. Ollie **makes** a sound to each animal. To the ducks, he says "quack". To the pigs, he says "oink". To the horses, he says "nay". To the chickens, he says "bok bok". The animals stare at Ollie.

Past the animals in cages, Ollie sees a flock of sheep. Ollie's dad tells him that female sheep are called ewes. Male sheep are rams. Baby sheep are called lambs. The sheep are eating grass.
"They can see us," says Dad.

"But they are not looking at us," says Ollie.

"Sheep can see behind themselves. They don't have to turn their heads," says Dad. Ollie's dad knows a lot about sheep.

"They cut the hair on the sheep in spring," says Dad. He tells Ollie how the sheep's wool **becomes** sweaters, scarves and other warm clothing. Ollie has a sweater made of wool. It is warm.

Ollie and his dad walk around the field. The grass is green. There are cows in a corner. One of the mother cows feeds a baby calf.

"You know what cows make, Ollie?" asks Dad.

"Duh! Milk!" says Ollie.

"That's right," says Dad.

Ollie hears an animal sound. He **takes** his dad's hand. They walk towards the sound. They come to a fence. They **find** a goat. The goat has horns stuck in the fence. The goat sits on the ground. It does not move. Its horns are between the wood and it can't move. Ollie and his dad **look** at the goat.

"I feel so bad for the goat," says Ollie. She seems sad.

"Poor guy!" says Dad.

"He looks so sad," says Ollie.

"We can help him," Dad says.

"Yeah!" says Ollie.

They get close to the goat. Ollie is nervous. Dad says not to worry. The horns are stuck and the goat will not hurt them. Ollie looks into the eyes of the goat. The goat **needs** help. Ollie talks to the goat. He **tries** to make soft sounds. He wants to keep the goat calm.

Ollie's dad tries to move the horns. He tries the right horn. He tries the left horn. They don't move. After ten minutes, they **give up**.

"I can't do it," says Ollie's dad.

"Are you sure?" asks Ollie.

"The horns are stuck," says Dad.

"What do we do?" asks Ollie.

The area around the goat is mud. There is no grass left. Ollie's dad takes some grass from the ground and brings it to the goat. The goat eats the grass. The goat looks hungry. The grass is gone. Ollie gets more grass to take to the goat. They pet the goat for a few minutes. The goat seems grateful.

"Let's tell the owner," says Dad.

"Yeah," says Ollie. "Maybe they can help her."

Ollie and his dad go to the ticket office. The ticket office is a small building at the entrance. A man works there. Ollie and his dad go inside.

"Hello, sir," says Ollie's dad.

"How can I help you?" asks the man.

"There's a goat—" says Ollie's dad.

The man interrupts Ollie's dad. He waves his hand. He looks bored. "Yeah, we know."

"You know about the goat?" asks Ollie.

"The goat stuck in the fence?" asks the man.

"Yes!" say Ollie and his dad.

"Oh yes, that's Patty," says the man. "She can get herself out whenever she wants. She just likes the attention."

Ollie **gives** his dad a surprised look. Ollie and his dad laugh.

"Patty, what a goat!" Ollie says.

Spanish Short Stories for Beginners Book 3

Over 100 Dialogues and Daily Used Phrases to Learn Spanish in Your Car. Have Fun & Grow Your Vocabulary, with Crazy Effective Language Learning Lessons

www.LearnLikeNatives.com

CHAPTER 7
The Car / emotions

HISTORIA

Quentin está **interesado** en los coches. Mira las fotos de los coches. Lee sobre los coches toda la noche, todas las noches. Cuando se **aburre**, navega a través de Instagram. Las cuentas que sigue tratan de coches.

La novia de Quentin es Rashel. Rashel se **divierte** por la obsesión de Quentin. Los coches no le interesan.

Quentin tiene un coche. Conduce un Honda Accord 2000. Es verde. Quentin se siente avergonzado por su coche. Quiere un coche fresco. Quiere un coche para conducir por la ciudad con Rashel. Sueña con coches bonitos y caros. Quiere un coche grande. Los pequeños son aburridos.

Últimamente, Quentin mira su teléfono todo el tiempo. Cuando Rashel lo mira, Quentin esconde el teléfono.

"Quentin, ¿por qué me ocultas el teléfono?", pregunta Rashel.

"Por ninguna razón", dice Quentin.

"¡Eso no es verdad!", dice Rashel.

"¡Lo prometo!", dice Quentin.

"Entonces déjame ver la pantalla", dice Rashel.
"No es nada", dice Quentin. "Olvídalo."

Rashel está **sospechando**. Quentin está ocultando algo.

Una noche, Rashel hace la cena. Suena el teléfono de Quentin. Ella no sabe el número. Quentin contesta el teléfono.

"¿Hola? Oh. Te llamaré más tarde", dice Quentin. Cuelga.

"¿Quién es?", dice Rashel.

"Nadie", dice Quentin.

"¿Es una chica?" pregunta Rashel. Está **celosa**.

"No, no lo es", dice Quentin.

"¿Entonces quién es?", pregunta Rashel.

"Nadie", dice Quentin.

"¿Por qué no me lo dices?", pregunta Rashel.

Está tan **enojado**, Quentin sale de la casa. Deja la comida sobre la mesa. Hace frío. Rashel está **triste**. La cena es un desperdicio. Rashel llama a su amigo. Hablan de la cena. El amigo de Rashel piensa que Quentin está con otra chica. Rashel no está segura. Quentin está escondiendo algo. De eso si está segura.

Quentin se sienta en su coche. Abre su portátil. Busca anuncios de coches de segunda mano. Hay coches baratos y coches caros. Tiene **esperanzas**. Busca un coche que sea una buena ganga. Tiene un poco de dinero. Él y Rashel ahorrar dinero. Lo utilizan para las vacaciones. Este año, Quentin quiere un coche, no unas vacaciones.

Ve un anuncio sobre un coche viejo. El coche es del año 1990. El coche es un Jeep. El modelo es un Grand Wagoneer. Siente **curiosidad** por el coche. Ningún coche se parece a este coche. Tiene madera en el exterior. Quentin piensa que es fresco.

Quentin llama al número del anuncio.

"Hola", dice un hombre.

"Hola", dice Quentin. "Estoy llamando por el coche."
"¿Qué coche?" pregunta el hombre.

"El Jeep", dice Quentin. "Me lo llevo."

"Ok", dice el hombre.

"Iré a buscarlo mañana", dice Quentin.

"¡Ok!", dice el hombre. Cuelga el teléfono.

Quentin vuelve a la casa. Se siente **culpable**. La cena está fría. Se la come de todos modos. Está nervioso. ¿Qué pensará Rashel del coche?

Al día siguiente, Quentin consigue el coche. Quentin ama el coche nuevo. Su coche es un Jeep Grand Wagoneer

1990. Es un coche grande. Tiene paneles de madera a lo largo del lado.

Quentin conduce a la casa. El coche tiene 120.000 kilómetros. Tiene unos 30 años. El coche está en muy buenas condiciones. Todo funciona. El interior es como nuevo. El nuevo coche de Quentin es especial. No se siente **avergonzado** de conducir. Por el contrario, se siente **orgulloso** de conducir por la ciudad. ¿Qué más se puede pedir?

Llama a la puerta. Rashel la abre.

"Rashel", dice. "¡Mira!" Quentin apunta al coche.

"¿Tienes un auto nuevo?", pregunta.

"Sí", dice Quentin. Invita a Rashel a montar. Los dos conducen por la ciudad. Quentin conduce lento. Mucha gente mira fijamente al coche. Es un coche especial. Varios hombres parecen **envidiarlo**. Quieren un coche fresco. Quentin es finalmente **feliz**.

Quentin pasa todos los días con el Jeep. Él lo conduce. A veces no tiene a dónde ir. Él sólo conduce alrededor de la ciudad. Le encanta el coche. Se siente **seguro** en el Jeep. Pasa todas las noches limpiando el coche. Él pule las puertas y ventanas todas las noches. Rashel lo espera. Llega tarde a cenar. Esto **enfurece** a Rashel. Odia al Jeep Wagoneer. Cree que Quentin ama más al coche que a ella. Ella le dice esto a Quentin y él le dice que no sea **estúpida**. Él le da un abrazo **amoroso**. Quiere demostrarle que está equivocada.

El sábado, Rashel y Quentin van al supermercado. Quentin lo conduce. Las ventanas están bajadas. Quentin lleva gafas de sol. Parece **confiado** y seguro de sí mismo. Aparca el coche. Los dos van al supermercado.
Ellos van a comprar la fruta.
"Quentin, ¿puedes conseguir cuatro manzanas?" pregunta Rashel. Quentin va a buscar la fruta. Regresa. Pero tiene cuatro naranjas.

"¡Quentin, dije manzanas!", dice Rashel.

"Sí, lo sé", dice Quentin.

"¡Son naranjas!", dice Rashel.

"Oh, lo siento", dice Quentin. Está **distraído**. No puede concentrarse.

"¿Qué pasa?", pregunta Rashel.

"Nada", dice Quentin.
"¿En qué estás pensando?", pregunta.

"Nada", dice Quentin. Tiene una mirada **ansiosa**. Tiene una mirada de **preocupación** en sus ojos.

"¿Estás pensando en el coche?", pregunta Rashel.

"No", dice Quentin.

"¡Sí! ¡Lo sé! Ve y tráeme unas manzanas", dice Rashel. Está decidida a hacer que Quentin preste atención. Quentin trae las manzanas. Las pone en el carrito.

Terminan de comprar comida. Quentin está tranquilo. Parece **retraído**. Van al coche.

El estacionamiento está lleno. Quentin inspecciona el Jeep con cuidado. Tiene **miedo** de marcas o arañazos. La puerta de un coche deja marcas cuando golpea otra puerta. Hay muchos coches ahora. Él no ve ningún rasguño. Quentin abre el coche. Él entra.

Rashel pone los comestibles en el coche. Ella devuelve el carro a la tienda. Ella abre la puerta y entra.

"Quentin, soy **miserable**", dice. Está llorando.

"¿Qué?", dice Quentin. Está **sorprendido**. ¿Qué pasa?

"Sólo te importa el coche", dice Rashel.

"Eso no es verdad", dice Quentin.

"No me ayudas a hacer nada", dice Rashel.

"¡Sí! Me preocupo por ti", dice Quentin.

"Si te importo, vende este coche", dice Rashel.

RESUMEN
Quentin quiere un coche nuevo. Oculta su búsqueda de su novia Rashel. Ella le pregunta quién llama, qué está mirando. Pero Quentin mantiene su búsqueda en secreto. Quentin encuentra un coche que ama. Finalmente es feliz. Sin embargo, está demasiado obsesionado con el coche. Rashel se pone celosa. Quentin no puede concentrarse en la tienda de comestibles. Le

preocupa que alguien va a rayar el coche. Quentin no ayuda a Rashel con las compras. Ella se enoja. Ella le dice a Quentin que debe elegir entre ella y el coche.

Lista de Vocabulario

interested	interesado
bored	aburrido
amused	entretenido
suspicious	suspicaz
embarrassed	avergonzado
jealous	celoso
angry	enojado
sad	triste
hopeful	esperanzado
curious	curioso
guilty	culpable
nervous	nervioso
ashamed	avergonzado
proud	orgulloso
envious	envidioso
happy	feliz
enraged	enfurecido
stupid	estúpido
loving	cariñoso
confident	confiado
distracted	distraído
anxious	ansioso
worried	preocupado
determined	determinado
withdrawn	retraido
miserable	miserable
surprised	sorprendido

PREGUNTAS

1) ¿Qué piensa Quentin de su coche al principio de la historia?
    a) él lo ama
    b) se siente avergonzado por él
    c) es demasiado nuevo
    d) es demasiado caro

2) ¿Por qué Rashel se enoja en la cena?
    a) ella piensa que una chica está llamando a Quentin
    b) ella tiene hambre
    c) Quentin está atrasado
    d) Quentin olvidó comprar pan

3) ¿Qué hace Quentin en la tienda de comestibles?
    a) paga por todo
    b) obtiene naranjas en lugar de manzanas
    c) él derrama leche
    d) presta atención a Rashel

4) ¿Qué piensa Quentin de su nuevo coche?
    a) es demasiado nuevo
    b) es demasiado pequeño
    c) está orgulloso de él
    d) se siente avergonzado por él

5) Al final de la historia, Quentin y Rashel:
    a) se besan
    b) disimulan una pelea
    c) salen de la tienda
    d) tienen una pelea

RESPUESTAS

1) ¿Qué piensa Quentin de su coche al principio de la historia?
    b) se siente avergonzado por él

2) ¿Por qué Rashel se enoja en la cena?
    a) ella piensa que una chica está llamando a Quentin

3) ¿Qué hace Quentin en la tienda de comestibles?
    b) obtiene naranjas en lugar de manzanas

4) ¿Qué piensa Quentin de su nuevo coche?
    c) está orgulloso de él

5) Al final de la historia, Quentin y Rashel:
    d) tienen una pelea

Translation of the Story
The Car

STORY

Quentin is **interested** in cars. He looks at pictures of cars. He reads about cars all night, every night. When he is **bored**, he scrolls through Instagram. The accounts he follows are all about cars.

Quentin's girlfriend is Rashel. Rashel is **amused** by Quentin's obsession. Cars do not interest her.

Quentin has a car. Quentin drives a 2000 Honda Accord. His car is green. Quentin feels **embarrassed** by his car. He wants a cool car. He wants a car to drive around town with Rashel. He dreams of nice cars, expensive cars. He wants a big car. Small cars are boring.

Lately, Quentin looks at his phone all the time. When Rashel looks at it, Quentin hides the phone.

"Quentin, why do you hide the phone from me?" asks Rashel.

"No reason," says Quentin.

"That's not true!" says Rashel.

"I promise it is!" says Quentin.

"Then let me see the screen," says Rashel.

"It's nothing," says Quentin. "Forget about it."

Rashel is **suspicious**. Quentin is hiding something.

One night, Rashel makes dinner. Quentin's phone rings. She does not know the number. Quentin answers the phone.

"Hello? Oh. I will call you later," says Quentin. He hangs up.

"Who is it?" says Rashel.

"Nobody," says Quentin.

"Is it a girl?" asks Rashel. She is **jealous**.
"No it is not," says Quentin.

"Then who is it?" asks Rashel.

"Nobody," says Quentin.

"Why won't you tell me?" asks Rashel.

He is so **angry**; Quentin walks out of the house. He leaves the food on the table. It gets cold. Rashel is **sad**. The dinner is a waste. Rashel calls her friend. They talk about the dinner. Rashel's friend thinks Quentin is with another girl. Rashel is unsure. Quentin is hiding something. She is sure.

Quentin sits in his car. He opens his laptop. He searches adverts for second-hand cars. There are cheap cars and expensive cars. He is **hopeful**. He looks for a car that is a good bargain. He has a little money. He and Rashel save money. They use it for vacation. This year, Quentin wants a car, not a vacation.

He sees an advert about an old car. The car is from the year 1990. The car is a Jeep. The model is a Grand Wagoneer. He is **curious** about the car. No cars look like this car. It has wood on the outside. Quentin thinks that is cool.

Quentin calls the number on the advert.

"Hello," says a man.

"Hello," says Quentin. "I am calling about the car."

"Which car?" asks the man.

"The Jeep," says Quentin. "I'll take it."

"Ok," says the man.

"I'll come get it tomorrow," says Quentin.

"Ok!" says the man. He hangs up the phone.

Quentin goes back to the house. He feels **guilty**. Dinner is cold. He eats it anyway. He is **nervous**. What will Rashel think about the car?

The next day, Quentin gets the car. Quentin loves the new car. His car is a 1990 Jeep Grand Wagoneer. It is a big car. It has wood panels along the side.

Quentin drives to the house. The car has 120,000 kilometers. It is about 30 years old. The car is in very good condition. Everything works. The interior is like new. Quentin's new car is special. He does not feel **ashamed** driving. On the contrary, he feels **proud** driving through town. What is not to love?

He knocks on the door. Rashel opens it.

"Rashel," he says. "Look!" Quentin points at the car.

"You have a new car?" she asks.

"Yes," says Quentin. He invites Rashel to ride. The two drive around town. Quentin drives slow. Many people stare at the car. It is a special car. Several men look **envious**. They want a cool car. Quentin is finally **happy**.

Quentin spends every day with the Jeep. He drives it. Sometimes he has nowhere to go. He just drives around town. He loves the car. He feels **confident** in the Jeep. He spends every evening cleaning the car. He polishes the doors and windows every night. Rashel waits for him. He is late for dinner. This makes Rashel **enraged**. She hates the Jeep Wagoneer. She thinks Quentin loves the car more than he loves her. She tells Quentin this and he tells her not to be **stupid**. He gives her a **loving** hug. He wants to show her she is wrong.

On Saturday, Rashel and Quentin go to the supermarket. Quentin drives them. The windows are down. Quentin wears sunglasses. He looks **confident** and sure of himself. He parks the car. The two go into the supermarket.

They shop for fruit.

"Quentin, can you get four apples?" asks Rashel. Quentin goes to get the fruit. He returns. But he has four oranges.

"Quentin, I said apples!" says Rashel.

"Yeah, I know," says Quentin.

"These are oranges!" says Rashel.

"Oh, sorry," says Quentin. He is **distracted**. He cannot concentrate.

"What is wrong?" asks Rashel.

"Nothing," says Quentin.

"What are you thinking about?" she asks.

"Nothing," says Quentin. He has an **anxious** look. He has a **worried** look in his eyes.

"Are you thinking about the car?" asks Rashel.

"No," says Quentin.

"Yes you are! I know it! Go get me some apples," says Rashel. She is **determined** to make Quentin pay attention. Quentin brings back the apples. He puts them in the cart. They finish grocery shopping. Quentin is quiet. He seems **withdrawn**. They go to the car.

The parking lot is full. Quentin inspects the Jeep carefully. He is **afraid** of marks or scratches. A car door leaves marks when it hits another door. There are many cars now. He does not see any scratches. Quentin unlocks the car. He gets in.

Rashel puts the groceries in the car. She returns the cart to the store. She opens the door and gets in.

"Quentin, I am **miserable**," she says. She is crying.

"What?" says Quentin. He is **surprised**. What is wrong?

"You only care about the car," says Rashel.

"That's not true," says Quentin.
"You don't help me do anything," says Rashel.

"I do! I care about you," says Quentin.

"If you care about me, sell this car," says Rashel.

CHAPTER 8
Going to A Meeting / telling time

HISTORIA

Thomas sale de su apartamento. Es un día hermoso. El sol brilla. El aire es fresco. Thomas tiene una reunión importante hoy. Thomas es el CEO de una empresa. Hoy se reúne con nuevos inversores. Está preparado para la reunión. Se siente relajado.

Son las **ocho de la mañana**. Thomas camina por la calle de la ciudad. Es temprano. Quiere **tiempo** extra. No quiere llegar tarde. Él no quiere estresarse.

Thomas vive en una gran ciudad. Hay edificios altos por todas partes. Pasan taxis. Pasan muchos coches. A Thomas le gusta caminar. A veces toma el metro.

Thomas quiere desayunar. Se detiene en un café. El café es relajante. La música suena. Thomas quiere algo bueno al horno.

"¿Qué te gustaría?", pregunta el barista.

"Un panecillo por favor", dice Thomas.

"¿Arándanos o chocolate?" pregunta la barista.

"Arándanos, por favor", dice Thomas.

"¿Algo de beber?" pregunta la barista.
"Un café", dice Thomas.

"¿Negro?", pregunta el barista.

"No, con un poco de crema", dice.

"¿Para llevar?", pregunta el barista. Thomas mira su reloj. Son las **ocho y media**. Tiene tiempo.

"Para tomar aquí", dice Thomas. Se sienta y come. Ve pasar a la gente. Thomas mira su reloj de nuevo. Son las **nueve en punto**. Se levanta. Thomas tira la basura y va al baño. Se quita el reloj para lavarse las manos. Su reloj es de oro y no le gusta que se moje. Su teléfono está sonando.

"Hola", dice Thomas.

"Señor, ¿está en la oficina?" pregunta la secretaria de Thomas.

"Todavía no", dice Thomas. "Voy en camino."

Sale de la cafetería. Thomas camina hacia el metro. Tiene tiempo, así que no necesita un taxi. Mira su reloj de nuevo. Pero su reloj no está ahí. Thomas siente pánico. Piensa en la mañana. ¿Lo dejó en casa? No. Recuerda que se quitó el reloj y se lavó las manos. El reloj está en la cafetería.

Thomas vuelve a la cafetería.

"Disculpe", le dice al barista.

"¿Tienes un reloj de oro?", pregunta.

"Deme un **segundo**", dice el barista. Le pregunta a sus colegas. Nadie tiene el reloj.

"No", dice el barista. Thomas va al baño. Mira por el lavabo. El reloj no está ahí. Alguien tiene el reloj, piensa Thomas. Ya no tiene tiempo de buscar.

"Disculpe", le dice al barista otra vez.

"¿Qué hora es?", pregunta.

"Diez y nueve a.m." dice la barista.

"Gracias", dice Thomas. Thomas se apresura. Tiene la reunión a las once menos cuarto. Corre a la parada del metro. Hay una larga cola para comprar tickets. Espera durante cinco **minutos**.
"¿Tienes la hora?" le pregunta Thomas a una mujer.

"Son las diez y **treinta**", dice. Thomas llega tarde. Sale de la línea larga. Va a la calle. Saluda a un taxi. Todos los taxis están llenos. Finalmente, un taxi se detiene. Thomas entra en el taxi.

"¿A dónde vas?" pregunta el conductor.

"A la 116 con Park", dice Thomas.

"Ok", dice el conductor.

"Por favor, date prisa", dice Thomas. "Necesito **estar a tiempo** para una reunión."

"Sí, señor", dice el conductor.

Thomas llega a la oficina. Sale corriendo del taxi y sube las escaleras. Su secretaria le dice hola. ¡Thomas está sudoroso!

"Señor, la reunión es ahora en **una hora**", dice la secretaria. Thomas limpia el sudor de su cara.

"Bien", dice Thomas. Se prepara para la reunión. Su camisa está sudada. Huele mal. Thomas decide comprar una camisa nueva para la reunión.

Thomas va a la tienda calle abajo.

"Hola, señor", dice la vendedora. "¿Cómo podemos ayudarle?"

"Necesito una camisa nueva", dice Thomas. La vendedora lleva a Thomas a ver las camisas. Hay camisas rosadas, marrones, a cuadros, y de rayas. El vendedor habla mucho. Thomas está nervioso por la hora.

"**¿Qué hora es?**", le pregunta Thomas a la vendedora.

"Es casi **mediodía**", dice la vendedora.

"Ok", dice Thomas. "Dame la camisa marrón." La vendedora lleva la camisa marrón a la caja registradora. Ella dobla la camisa. Y se **toma su tiempo**.

El teléfono de Thomas suena. Es su esposa.

"Cariño, cenamos a las **siete p.m.**", dice.

"Ok, querida", dice Thomas. "No puedo hablar ahora."

"Ok", dice ella. "No quiero que vuelvas a casa a las **nueve de la noche.**"

"No te preocupes", dice Thomas.

"Adiós", dice su esposa. Thomas cuelga el teléfono.

"Disculpe", dice Thomas. "Tengo prisa. No necesito la camisa envuelta."

"Bien", dice ella. Thomas paga y sale de la tienda. Se cambia de camisa mientras camina por la calle. La gente mira fijamente. Corre a la oficina.

"**Ya era hora**", dice su secretaria cuando entra. Están esperando en la reunión. Los inversores se sientan alrededor de la mesa. Thomas dice hola.

"Me gusta tu camisa, Thomas", dice uno de los inversores.

"Gracias", dice Thomas. "Es nueva." Thomas apaga su teléfono y enciende su ordenador.

"Gracias por venir", dice Thomas. "Tengo una presentación. Dura unos quince minutos."

Thomas se dirige a su secretaria. "¿Qué hora es?"

"Son las **doce y quince**", dice.

"Gracias", dice Thomas. "Falta mi reloj."

"¿Por qué no miras tu teléfono por un tiempo?", dice uno de los inversores.

"Por supuesto", dice Thomas. ¡Está tan acostumbrado a su reloj que olvida que puede mirar el teléfono por el momento!

"Debo ser la última persona en el mundo que sólo usa un reloj para **decir la hora**", dice Thomas. Todo el mundo se ríe.

RESUMEN
Thomas comienza su día con mucho tiempo. Desayuna y se relaja. Va al baño y deja su reloj en el baño. Cuando se da cuenta, vuelve a la cafetería. El reloj no estaba. Ahora debe preguntar a todos qué hora es. Llega tarde a la oficina. Afortunadamente, su reunión se pospone una hora. Va a comprar una camisa nueva. Eso toma más tiempo del que espera. Corre a la reunión. Cuando pide la hora, de nuevo, se da cuenta de que sólo podía mirar su teléfono por el momento. La reunión comienza.

Lista de Vocabulario

English	Spanish
It is ____ o'clock	Son las ____ en punto
in the morning	por la mañana
time	tiempo
half past ____	____ y media
on the dot	en punto
second	segundo
What time is it?	¿Y qué hora es?
____ oh ____	____ y ____
a.m.	a.m.
a quarter to ____	un cuarto para las ____
minutes	minutos
Do you have the time?	¿Tienes la hora?
____ thirty	____ y treinta
on time	a tiempo
in an hour	en una hora
What's the time?	¿Cuál es la hora?
nearly	temprano
noon	mediodía
takes her time	tomar su tiempo
p.m.	p.m.
at night	de la noche
about time	sobre el tiempo
____ minutes long	____ minutos de largo
____ fifteen	____ y quince
tell the time	decir la hora

PREGUNTAS

1) ¿Por qué Thomas pierde su reloj?
    a) Se le cae
    b) Deja que un extraño lo sostenga
    c) Hace una apuesta
    d) Se lo quita para lavarse las manos

2) ¿Dónde vive Thomas?
    a) en un pueblo pequeño
    b) en una ciudad con poco transporte
    c) en una gran ciudad
    d) en el campo

3) Thomas tiene suerte porque:
    a) tiene buenos compañeros de trabajo
    b) se aplaza su reunión
    c) el metro no está ocupado
    d) no pierde su reloj

4) Thomas le dice a la vendedora que no envuelva la camisa porque:
    a) llega tarde a su reunión
    b) se ve el sudor en su camisa
    c) su esposa espera en el teléfono
    d) odia desperdiciar bolsas

5) Todos se ríen al final de la historia porque:
    a) La camisa de Thomas está sudada
    b) Thomas está avergonzado
    c) Thomas olvida que se puede saber la hora con el teléfono
    d) Thomas pierde su reloj.

RESPUESTAS

1) ¿Por qué Thomas pierde su reloj?
    d) Se lo quita para lavarse las manos

2) ¿Dónde vive Thomas?
    c) en una gran ciudad

3) Thomas tiene suerte porque:
    b) se aplaza su reunión

4) Thomas le dice a la vendedora que no envuelva la camisa porque:
    a) llega tarde a su reunión

5) Todos se ríen al final de la historia porque:
    c) Thomas olvida que se puede saber la hora con el teléfono

Translation of the Story
Going to A Meeting

STORY

Thomas leaves his apartment building. It is a beautiful day. The sun shines. The air is fresh. Thomas has an important meeting today. Thomas is the CEO of a company. Today he meets with new investors. He is prepared for the meeting. He feels relaxed.

It is **eight o'clock in the morning**. Thomas walks down the city street. He is early. He wants extra **time**. He does not want to be late. He does not want to stress.

Thomas lives in a big city. There are tall buildings everywhere. Taxis drive by. Lots of cars drive by. Thomas likes to walk. Sometimes he takes the subway.

Thomas wants to eat breakfast. He stops at a café. The café is relaxed. Music plays. Thomas wants a baked good.

"What would you like?" asks the barista.

"A muffin please," says Thomas.

"Blueberry or chocolate?" asks the barista.

"Blueberry, please," says Thomas.

"Anything to drink?" asks the barista.

"A coffee," says Thomas.

"Black?" asks the barista.

"No, with a bit of cream," he says.

"To go?" asks the barista. Thomas looks at his watch. It is **half past eight.** He has time.

"For here," says Thomas. He sits down and eats. He watches people walk by. Thomas looks at his watch again. It is nine o'clock **on the dot**. He gets up. Thomas throws out the trash and goes to the bathroom. He takes off his watch to wash his hands. His watch is gold and he doesn't like to get it wet. His phone rings.

"Hello," says Thomas.
"Sir, are you at the office?" asks Thomas's secretary.

"Not yet," says Thomas. "I'm on my way."

He leaves the coffee shop. Thomas walks towards the subway. He has time, so he doesn't need a taxi. He looks at his watch again. But his watch is not there. Thomas feels panic. He thinks back over the morning. Did he leave it at home? No. He remembers taking off the watch and washing his hands. The watch is at the coffee shop.

Thomas runs back to the coffee shop.

"Excuse me," he says to the barista.

"Do you have a gold watch?" he asks.
"Just a **second**," says the barista. He asks his colleagues. No one has the watch.

"No," says the barista. Thomas goes to the bathroom. He looks by the sink. The watch is not there. Someone has the watch, Thomas thinks. He has no time to look any more.

"Excuse me," he says to the barista again.

"**What time is it?**" he asks.

"**Ten oh nine a.m.**" says the barista.

"Thanks," says Thomas. Thomas hurries. He has the meeting at a quarter to eleven. He rushes to the subway stop. There is a long line to buy tickets. He waits for five **minutes**.

"Do you have the time?" Thomas asks a woman.

"It's ten **thirty**," she says. Thomas is late. He leave the long line. He goes to the street. He waves for a taxi. All the taxis are full. Finally, a taxi stops. Thomas gets into the taxi.

"Where are you going?" asks the driver.

"To 116th and Park," says Thomas.

"Ok," says the driver.

"Please hurry," says Thomas. "I need to be **on time** for a meeting."

"Yes, sir," says the driver.

Thomas arrives to the office. He runs out of the taxi and up the stairs. His secretary says hello. Thomas is sweaty!

"Sir, the meeting is now **in an hour**," says the secretary. Thomas wipes the sweat off his face.

"Good," says Thomas. He prepares for the meeting. His shirt is sweaty. It smells bad. Thomas decides to buy a new shirt for the meeting.

Thomas goes to the store down the street.

"Hi, sir," says the salesperson. "How can we help you?"

"I need a new dress shirt," says Thomas. The salesperson takes Thomas to see the shirts. There are pink shirts, brown shirts, checked shirts, and plaid shirts. The salesperson talks a lot. Thomas is nervous about the time.

"**What's the time?**" Thomas asks the salesperson.

"It's **nearly noon**," says the salesperson.

"Ok," says Thomas. "Give me the brown shirt." The salesperson takes the brown shirt to the cash register. She folds the shirt. She **takes her time**.

Thomas's phone rings. It is his wife.

"Honey, we have dinner at seven **p.m.**," she says.

"Ok, dear," says Thomas. "I can't really talk right now."

"Ok," she says. "I just don't want you to come home at nine o'clock **at night**."

"Don't worry," says Thomas.

"Bye," says his wife. Thomas hangs up the phone.

"Excuse me," says Thomas. "I'm in a hurry. I don't need the shirt wrapped."

"Ok," she says. Thomas pays and leaves the store. He changes his shirt as he walks down the street. People stare. He hurries to the office.

"It's **about time**," says his secretary when he walks in. They are waiting in the meeting. The investors sit around the table. Thomas says hello.

"I like your shirt, Thomas," says one of the investors.

"Thanks," says Thomas. "It is new." Thomas sets his phone down and turns on his computer.

"Thank you for coming," says Thomas. "I have a presentation. It is about fifteen minutes long."

Thomas turns to his secretary. "What time is it?"

"It is **twelve fifteen**," she says.

"Thanks," says Thomas. "My watch is missing."

"Why don't you look at your phone for the time?" says one of the investors.

"Of course," says Thomas. He is so accustomed to his watch that he forgets he can look at the phone for the time!

"I must be the last person in the world to only use a watch to **tell the time**," says Thomas. Everyone laughs.

CHAPTER 9
Lunch with The Queen / to be, to have + food

HISTORIA

Úrsula **es** una niña. Vive en Londres, Inglaterra. Estudia en la escuela. Le encanta hornear. **Tiene** una obsesión: la familia real. Quiere **ser** una princesa.

Una noche, Úrsula está en casa. Su madre prepara la cena. **Tienen** algo nuevo. Su madre lleva el plato a la mesa.

"¿Qué **son** esos?", pregunta Ursula.

"Son **puerros**", dice la mamá de Ursula.

"Oh, no me gustan los puerros", dice Ursula.

"Pruébalos", dice su madre. Los prueba. Casi vomita.

"**Estoy** enferma", dice Úrsula.

"No, no lo estas", dice su madre.

"Por favor, dame algún otro **vegetal**", dice Úrsula. "**¿Zanahorias, brócoli, ensalada?**"

"Oh, Úrsula, entonces **come** tu carne", dice su madre. Enciende la televisión. Ven las noticias. El reportaje es sobre la Reina de Inglaterra. Ursula deja de comer. Presta mucha atención.

"Reina Isabel reina en Inglaterra durante 68 años", dice el informe de noticias. "Ella está casada con el príncipe Felipe. Tienen cuatro hijos."

El reportaje habla de la Reina. Vive en el Palacio de Buckingham. Está muy sana, a pesar de su edad.

"Quiero visitar el Palacio de Buckingham", dice Ursula.

"Sí, querida", dice su madre. Ven el programa. El programa anuncia una competencia especial. Una persona puede ganar una visita al Palacio de Buckingham. El ganador almorzará con la reina. Ursula grita.

"¡**Tengo** que ganar!", grita.

"No lo sé", dice su madre. "Mucha gente participa en el concurso."

Ursula mira el programa. Aprende cómo entrar. Toma una foto de sí misma comiendo. Luego la publica en las redes sociales. Ella mira el programa, que habla de comer con la Reina. Observa como muestran lo que le pasó a un príncipe del Pacífico Sur.

La Reina está en un barco con el príncipe. Sirven el postre. El príncipe olvida vigilar a la Reina. Él toma algunas **uvas** y algunas **cerezas** de la **fruta** en la mesa y las pone en su tazón. Él vierte la **crema** sobre ellas. Espolvorea el **azúcar** en la parte superior. Empieza a comer, y luego se da cuenta de que la Reina no. Comete un gran error. La Reina toma su cuchara. Ella come un poco. Eso hace que el príncipe se sienta mejor. Está muy avergonzado.

"¿Hay reglas para comer con la Reina?", le pregunta a su madre.

"Por supuesto", dice su madre.

"¿Cómo cuál?", pregunta Ursula.

"Bueno, la Reina comienza la **comida** y termina la comida", dice la madre de Úrsula.

"Quieres decir que no puedes comer hasta que ella lo haga", dice Ursula.

"Así es", dice su madre. "Y cuando termine, tú también terminas."

"¿Y si no terminas?", pregunta Úrsula.

"Lo haces", dice su madre. "Y debes esperar a que la Reina se siente."

"¿Antes de sentarse?" dice Ursula.

"Correcto", dice su madre. Ursula piensa en esto. Hay muchas reglas si eres reina o princesa. Ursula y su madre terminan la cena. Se van a la cama.

A la mañana siguiente, Ursula se despierta. Está nerviosa por el concurso. Hoy anuncian al ganador. **Desayuna** con su madre.

"Estoy nerviosa", dice ella.

"Ursula, no vas a ganar", dice su madre. "Hay mucha gente en el concurso."

"Oh", dice Úrsula. Está triste. Come su **cereal**. No tiene hambre. Su **tocino** y sus **huevos** están intactos.

Encienden la televisión.

"Y anunciamos al ganador del Concurso del Almuerzo con la Reina", dice el hombre en la TV. Él pone su mano en un tazón de cristal enorme lleno de papeles. Mueve la mano. Saca un papel. Abre el papel.

"Y el ganador es... ¡Ursula Vann!", dice.

Ursula mira a su madre. Su madre la mira.

"¿Has oído eso?" pregunta. Su madre asiente, mirando fijamente. Su boca está abierta.

"¿He ganado?", pregunta. Su madre asiente, sin palabras.

"¡Wuu-huu!" grita Ursula. "¡Sabía que lo haría! ¡Voy a ver a la reina!" Ursula termina su comida y va a la escuela.

El día siguiente es el día para el almuerzo con la Reina. Ursula camina hasta el palacio. Está aterrorizada. Ella es sólo una niña. Esta es una gran aventura para una chica tan joven.

"¿Quién eres?", pregunta un guardia.

"Ursula Vann", dice. "Gané el concurso para almorzar con la Reina."

"Oh, hola, jovencita," dice el guardia. "Eres una jovencita bonita. Entra."

"Gracias", dice ella.

Un guardia la lleva al palacio. Es grande, muy grande. Caminan por los pasillos. El guarda tiene un sombrero divertido. Ursula se ríe. Entonces, se detiene. Están en el comedor.

¡La Reina de Inglaterra está sentada a la mesa! Delante de ella hay un plato de **sándwiches**. Es pequeña. Es feliz y sonríe.

"Hola, querida", dice ella.

"Hola, Su Majestad," dice Ursula. Ella corteja.

"Gracias por venir a almorzar", dice.

"Es un placer, Su **Majestad**", dice Úrsula.

"Espero que no te importe. Vamos a tomar **té** en lugar de un almuerzo adecuado", dice la Reina. Se sienta de nuevo. Ursula recuerda sus modales. También se sienta.

Los sándwiches son sándwiches reales, piensa. Se parecen mucho a los sándwiches de casa, sin embargo. Algunos tienen **jamón** y **queso**, con un poco de **mostaza** amarilla. Otros tienen una ensalada de **mayonesa** en ellos. Hay un plato de **galletas** al lado de algunos **bollos**.

"Perdóneme, Su Majestad", dice Úrsula.

"¿Sí, querida?", dice la Reina.

"¿Qué hay en ese sándwich?", pregunta.

"Oh, ese es mi favorito", dice la Reina. "Sándwich de **ensalada** de puerros."

"Oh, puerros", dice Úrsula. Se siente enferma. La Reina alcanza a uno. Ella toma un bocado.

"Toma uno, querida", dice la Reina.

"Gracias, Su Majestad", dice Ursula. Ella toma un sándwich de puerros. Puede sentir que su estómago se revuelve. Ella toma un bocado enorme porque está muy nerviosa. Su cara se vuelve blanca, luego verde.

"¿Estás bien, querida?" pregunta la Reina. "Te ves muy mal."

"E- E- Estoy bien", dice Ursula. Siente que su estómago se revuelve. Siente que va a vomitar. No puede impedir que los puerros vuelvan a subir por su garganta. Al menos siguió las otras reglas para almorzar con la Reina, piensa. Nadie dijo nada sobre vómitos.

RESUMEN

Ursula es una niña. Vive en Londres, Inglaterra. Está obsesionada con la familia real. Cena con su madre y ve la televisión. En la TV, anuncian un concurso. La ganadora almuerza con la propia Reina. Entra Úrsula. Al día siguiente, en el desayuno, anuncian al ganador. ¡Es Úrsula! Ella va al Palacio de Buckingham para el almuerzo. Ella sigue las reglas para comer con la Reina. La Reina ha preparado sándwiches especiales. Desafortunadamente, la ensalada de puerros no es la comida favorita de Ursula. Se siente enferma mientras ve a la Reina comerse el sándwich.

Lista de Vocabulario

is	es / está
has	ha / has
to be	ser / estar
have	tener
are	eres / estás
leeks	puerros
am	soy / estoy
vegetable	vegetales
carrot	zanahoria
broccoli	brócoli
salad	ensalada
lunch	almuerzo
have to	tener que
dessert	postre
grapes	uvas
cherries	cerezas
fruit	fruta
cream	crema
sugar	azúcar

meal	comida
breakfast	desayuno
cereal	cereal
egg	huevo
bacon	tocino
sandwiches	sándwiches
tea	té
ham	jamón
cheese	queso
mustard	mostaza
cookies	galletas
scones	bollos
salad	ensalada

PREGUNTAS

1) ¿Qué pasa cuando Ursula prueba los puerros por primera vez?
    a) ella los ama
    b) su madre los quema
    c) ella casi vomita
    d) no se da cuenta

2) ¿Cuál es la regla cuando comes con la Reina de Inglaterra?
    a) no debes comer hasta que ella coma
    b) debes usar azul
    c) debes comer sándwiches
    d) debes sentarte antes que ella

3) ¿Qué piensa la madre de Úrsula sobre el concurso?
    a) Ursula tiene la oportunidad de ganar
    b) es una falsificación
    c) la Reina no debe estar involucrada

        d) Ursula nunca ganará

4) ¿Qué tiene para comer la Reina?
        a) un buen asado
        b) salmón, su favorito
        c) galletas de té y sándwiches
        d) es ultra secreto

5) ¿Cuál de las siguientes afirmaciones es cierta?
        a) Úrsula huye en medio del almuerzo
        b) Ursula no puede controlar su reacción a los puerros
        c) la Reina hizo los sándwiches ella misma
        d) los sándwiches no son buena comida para el almuerzo

RESPUESTAS

1) ¿Qué pasa cuando Ursula prueba los puerros por primera vez?
        c) ella casi vomita

2) ¿Cuál es la regla cuando comes con la Reina de Inglaterra?
        a) no debes comer hasta que ella coma

3) ¿Qué piensa la madre de Úrsula sobre el concurso?
        d) Ursula nunca ganará

4) ¿Qué tiene para comer la Reina?
        c) galletas de té y sándwiches

5) ¿Cuál de las siguientes afirmaciones es cierta?

b) Ursula no puede controlar su reacción a los puerros

Translation of the Story
Lunch with The Queen

STORY

Ursula **is** a young girl. She lives in London, England. She studies at school. She loves to bake. She **has** an obsession: the royal family. She wants **to be** a princess.

One night, Ursula is at home. Her mother prepares her dinner. They **have** something new. Her mother brings the plate to the table.

"What **are** those?" asks Ursula.

"These are **leeks**," says Ursula's mom.

"Oh, I don't like leeks," says Ursula.

"Try them," says her mom. She tries them. She almost vomits.

"I **am** sick," says Ursula.

"No, you are not," says her mom.

"Please, give me any other **vegetable**," says Ursula. "**Carrots, broccoli, salad**?"

"Oh, Ursula, just eat your **meat** then," says her mom. She turns on the television. They watch the news. The report is about the Queen of England. Ursula stops eating. She pays close attention.

"Queen Elizabeth reigns in England for 68 years," says the news report. "She is married to Prince Phillip. They have four children."

The news report talks about the Queen. She lives in Buckingham Palace. She is very healthy, despite her age.

"I want to visit Buckingham Palace," says Ursula.

"Yes, dear," says her mom. They watch the program. The program announces a special competition. One person can win a visit to Buckingham Palace. The winner will eat **lunch** with the queen. Ursula screams.

"I **have to** win!" she shouts.

"I don't know," says her mom. "Many people enter the contest."

Ursula watches the program. She learns how to enter. She takes a picture of herself eating. Then she posts it on social media. She watches the program, which talks about eating with the Queen. She watches as they show what happened to a prince from the South Pacific.

The Queen is on a boat with the prince. They serve **dessert**. The prince forgets to watch the Queen. He takes some **grapes** and some **cherries** from the **fruit** on the table and puts them in his bowl. He pours **cream** over them. He sprinkles **sugar** on top. He starts to eat, and then he realizes the Queen has not. He makes a big mistake. The Queen takes her spoon. She eats a bit. That makes the prince feel better. He is very embarrassed.

"There are rules to eat with the Queen?" she asks her mom.

"Of course," says her mom.

"Like what?" asks Ursula.

"Well, the Queen begins the **meal** and ends the meal," says Ursula's mom.

"You mean you can't eat until she does," says Ursula.

"That's right," says her mom. "And when she finishes, you finish, too."

"What if you aren't finished?" asks Ursula.

"You are," says her mom. "And you must wait for the Queen to sit."

"Before you sit?" says Ursula.

"Right," says her mom. Ursula thinks about this. There are lots of rules if you are queen or princess. Ursula and her mom finish dinner. They go to sleep.

The next morning, Ursula wakes up. She is nervous about the contest. Today they announce the winner. She eats **breakfast** with her mom.

"I am nervous," she says.

"Ursula, you won't win," says her mom. "So many people are in the contest."

"Oh," says Ursula. She is sad. She eats her **cereal**. She is not hungry. Her **bacon** and **eggs** sit untouched.

They turn on the television.

"And we announce the winner of the Lunch with the Queen Contest," says the man on the TV. He puts his hand into a huge glass bowl full of papers. He moves his hand around. He pulls out a paper. He opens the paper.

"And the winner is...Ursula Vann!" he says.

Ursula looks at her mom. Her mom looks at her.

"Did you hear that?" she asks. Her mom nods, staring. Her mouth is open.

"Did I win?" she asks. Her mom nods, speechless.

"Woo-hoo!" shouts Ursula. "I knew I would! I'm going to see the queen!" Ursula finishes her food and goes to school.

The next day is the day for lunch with the Queen. Ursula walks up to the palace. She is terrified. She is only a young girl. This is a big adventure for such a young girl.

"Who are you?" asks a guard.

"Ursula Vann," she says. "I won the contest to have lunch with the Queen."

"Oh, hello, young lady," the guard says. "You are a pretty young lass. Come in."

"Thank you," she says.

A guard takes her to the palace. It is grand, and very big. They walk through the halls. The guard has a funny hat. Ursula giggles. Then, she stops. They are in the dining room.

The Queen of England is sitting at the table! There is a plate of **sandwiches** in front of her. She is small. She is happy, and she is smiling.

"Hello, dear," she says.

"Hello, your majesty," Ursula says. She courtsies.

"Thank you for coming to lunch," she says.

"It is my pleasure, your **Majesty**," says Ursula.

"I hope you don't mind. We will be having **tea** instead of a proper lunch," says the Queen. She sits again. Ursula remembers her manners. She sits, too.

The sandwiches are royal sandwiches, she thinks. They look a lot like sandwiches from home, though. Some have **ham** and **cheese**, with a yellow bit of **mustard**. Others have a **mayonnaise** salad on them. There is a plate of **cookies** next to some **scones**.

"Pardon me, your Majesty," says Ursula.

"Yes, dear?" says the Queen.

"What is on that sandwich?" she asks.

"Oh, that's my favorite," says the Queen. "Leek **salad** sandwich."

"Oh, leeks," says Ursula. She feels sick. The Queen reaches for one. She takes a bite.

"Have one, dear," says the Queen.

"Thank you, your Majesty," says Ursula. She takes a leek sandwich. She can feel her stomach turn. She takes a huge bite because she is so nervous. Her face turns white, then green.

"Are you alright, dear?" asks the Queen. "You look quite unwell."

"I- I- I'm fine," says Ursula. She feels her stomach turning. She feels as if she will vomit. She can't stop the leeks from coming back up her throat. At least she followed the other rules for eating lunch with the Queen, she thinks. Nobody ever said anything about vomiting.

Spanish Dialogues for Beginners
Book 4

Over 100 Daily Used Phrases and Short Stories to Learn Spanish in Your Car. Have Fun and Grow Your Vocabulary with Crazy Effective Language Learning Lessons

www.LearnLikeNatives.com

CHAPTER 10
The Driver's License / question words

HISTORIA

Wayne vive en una ciudad, tiene cuarenta años. Normalmente conduce su coche al trabajo. Wayne llega tarde al trabajo hoy, por eso conduce más y más rápido. Conduce por encima del límite de velocidad. Necesita llegar a tiempo al trabajo. Hoy tiene una reunión importante.

Wayne oye un sonido. Mira detrás de él. Hay un coche de policía detrás. Oh, no, él piensa. Voy bastante rápido. Él para el coche. El coche de policía también se detiene. Un policía sale. Camina hacia el coche de Wayne.
"Hola", dice el oficial de policía.

"Hola, señor", dice Wayne.

"**¿Por qué** crees que te detuve?", pregunta el policía.

"No lo sé. **¿Cuál** ley estoy violando?" pregunta Wayne.

"Vas muy rápido", dice el policía.

"**¿Cuántos** kilómetros por hora estoy sobre el límite de velocidad?", pregunta Wayne.

"Demasiado", dice el policía. "**¿Adónde** vas con tanta prisa?"

"A trabajar", dice Wayne.

"Muéstrame tu licencia de conducir", dice el oficial. Wayne saca su billetera. La abre. Saca su licencia de conducir. Se lo da al policía.

"Esto está caducado", dice el oficial. "Estás en grandes problemas." El oficial le dice a Wayne que no puede conducir con una licencia caducada. Debe obtener una nueva licencia. Wayne está de acuerdo. El oficial le dice que no puede conducir a trabajar hoy.

Wayne tiene que dejar de conducir su coche. Ahora debe ir a trabajar de otra forma. Él puede elegir entre el tren o el autobús. A veces, él monta su bicicleta. Si llega tarde, toma un taxi. Hoy vuelve a llegar tarde.

Wayne llega a la oficina.
"Hola, Wayne", dice su colega, Xavier. "¿**Cómo** llegaste aquí? Tu licencia está caducada, ¿verdad?"

"Sí, así es", dice Wayne. "Hoy ando en taxi. ¿**Cuán lejos** está tu casa de aquí?" Xavier suele caminar al trabajo.

"Mi casa está a un kilómetro", dice Xavier. "¿**Cuánto tarda** un taxi en llegar?"

"Unos veinte minutos", dice Wayne.

"No está mal", dice Xavier. "¿Y **cuánto** cuesta el taxi?"

"Unos veinte dólares", dice Wayne.

"Oh, eso es un poco caro", dice Xavier. "¿Qué compañía de taxis es?

"Taxi de Birmingham", dice Wayne. "¿Por qué estás tan interesado?"

"Mi familia tiene una compañía de taxis", dice Xavier. "Mi hermano la dirige."

"Bien", dice Wayne. "¿Puedo conseguir un viaje gratis?" Ambos se ríen. Wayne está bromeando. Pero necesita resolver su problema. No puede pagar un taxi todos los días. Él decide mañana que va a conseguir su licencia.

Al día siguiente, Wayne toma el autobús al Departamento de Vehículos Motorizados. Este es el edificio donde la gente obtiene su licencia de conducir. Sale de su coche. Hay una fila afuera. Mucha gente tiene que conseguir su licencia. La oficina es lenta. Él se mete en la fila. Después de una hora, está dentro del edificio. Hay otra fila. Espera.

"¿**Quién** es el siguiente?" pregunta la mujer.

"Yo", dice Wayne.

"¡Bueno, vamos!", dice. Está impaciente. "¿**Qué** necesitas?"

"Necesito renovar mi licencia", dice Wayne.

"Dame tu vieja tarjeta", dice.
"No la tengo", dice Wayne. Ella lo mira fijamente. Parece enfadada.

"**¿Por qué no** lo tienes?", pregunta.

"No la encuentro", dice Wayne.

"**¿Con quién** estoy hablando?", pregunta.

"¿Qué quieres decir?" pregunta Wayne. Está confundido.

"Vale, chico listo, dime tu nombre y apellido", dice. Wayne se lo dice.

"**¿Cuántos años** tienes?", pregunta.

"**¿Para qué**?" pregunta Wayne.

"Tengo que confirmar tu fecha de nacimiento", dice ella. "**¿Cuándo** naciste?"

Wayne le dice. Mira su computadora. Tarda mucho tiempo. Sacude la cabeza.

"No puedo encontrarte", dice. "Hay un problema con el sistema hoy. Vuelve mañana."

"No puedo", dice Wayne.

"Si quieres tu licencia hoy, tendrás que pasar el examen de conducir", dice.

"**¿Por qué**?" pregunta Wayne.

"La computadora dice que no tienes licencia", dice. Wayne necesita su licencia hoy. Él va a la otra línea. Él tomará su prueba de conducir. Fácil, piensa. Sabe conducir. Todas las demás personas son adolescentes. Él es el más viejo en esta línea.

"**¿A quién** le toca?" pregunta un hombre grande con un traje marrón.

"A mi", dice Wayne. Sigue al gran hombre hasta su coche. Se suben al coche. Wayne trata de recordar todo lo que haces en una prueba de conducción. Revisa los espejos. Se pone el cinturón de seguridad. Ve al examinador escribiendo en un bloc de notas.

"Bueno, vamos", dice el examinador.

Wayne retrocede con cuidado fuera del espacio de estacionamiento. Él conduce lentamente. Él utiliza su señal de giro. Se pone en la carretera y conduce por debajo del límite de velocidad. El examinador le dirige a través de la ciudad. Wayne se asegura de parar en las luces amarillas y utilizar su intermitente. Wayne hace un buen trabajo.

Wayne cree que pasa. El examinador lo dirige de nuevo a la oficina. Sin embargo, el examinador le dice que se detenga.

"Ahora debes aparcar en paralelo", dice el examinador. Wayne nunca aparca en paralelo. Está nervioso. El examinador le dirige a una pequeña plaza de aparcamiento. Wayne convierte el coche en el espacio. Está casi terminado de aparcar. Pero luego escucha un sonido de ding. Su coche choca con el coche detrás de él.

"Oh, no", dice Wayne.

"Eso es un fallo automático", dice el examinador. "Lo siento, no pasa la prueba de conducir."
Wayne sale del coche para dejar que el examinador conduzca el coche de vuelta a la oficina.

"¿**Cuántos** años llevas conduciendo?", pregunta el examinador.

"Veinticuatro", dice Wayne. Está avergonzado. Tiene que volver mañana.

RESUMEN
Wayne tiene una licencia de conducir. Está vencida. Wayne debe tomar taxis, autobuses y otras formas de transporte. Decide renovar su licencia. Él va a la oficina de tránsito para hacerlo. Él espera en una larga línea y tiene que responder a un montón de preguntas. Hay un problema con el sistema informático. Wayne tiene que tomar el examen de conducción de nuevo desde cero. Él hace un buen trabajo con el examinador en el coche. Sin embargo, Wayne no pasa su prueba porque no ha practicado estacionar en paralelo.

Lista de Vocabulario

why	por qué
which	cual
how many	cuántos
where	donde
how	cómo
how far	hasta dónde
how long	cuánto tiempo
how much	cuánto
who	quién
what	qué
why don't	por qué no
with whom	con quien
how old	cuántos años
what for	qué para
when	cuando
how come	cómo es que
whose	de quién
how many	cuántos

PREGUNTAS

1) ¿Por qué el oficial de policía detiene a Wayne?
    a) se pasa una luz roja
    b) su coche está roto
    c) va demasiado rápido
    d) es un criminal

2) Wayne se mete en grandes problemas con el oficial porque...
    a) su licencia ha caducado
    b) su coche no está registrado
    c) escupe al oficial de policía
    d) no responde al agente de policía

3) ¿Cuál de estos transportes cobra $20 para llevar a Wayne al trabajo?
    a) bicicleta
    b) autobús
    c) tren
    d) taxi

4) Wayne no aparece en el sistema informático de la oficina de tránsito. ¿Por qué?
    a) nunca tuvo licencia
    b) tiene un mal día
    c) hay un problema con el sistema
    d) su cumpleaños está mal

5) ¿Por qué Wayne no pasa su prueba?
    a) es nuevo en la conducción
    b) aparca mal porque no ha practicado este tipo de aparcamientos

c) aparca mal porque el coche es demasiado grande

d) él está borracho

RESPUESTAS

1) ¿Por qué el oficial de policía detiene a Wayne?
c) va demasiado rápido

2) Wayne se mete en grandes problemas con el oficial porque...
a) su licencia ha caducado

3) ¿Cuál de estos transportes cobra $20 para llevar a Wayne al trabajo?
d) taxi

4) Wayne no aparece en el sistema informático de la oficina de tránsito. ¿Por qué?
c) hay un problema con el sistema

5) ¿Por qué Wayne no pasa su prueba?
b) aparca mal porque no ha practicado este tipo de aparcamientos

Translation of the Story
The Driver's License

STORY

Wayne lives in a city. Wayne is forty years old. He usually drives his car to work. Wayne is late to work today. Wayne drives faster and faster. He drives over the speed limit. He needs to get to work on time. Today he has an important meeting.

Wayne hears a sound. He looks behind him. There is a police car behind him. Oh, no, he thinks. I am going rather fast. He stops the car. The police car stops, too. A policeman gets out. He walks over to Wayne's car.

"Hello," says the police officer.

"Hello, sir," says Wayne.

"**Why** do you think I pulled you over?" asks the policeman.

"I don't know. **Which** law am I breaking?" asks Wayne.

"You are going way too fast," says the policeman.

"**How many** kilometers per hour am I over the speed limit?" asks Wayne.

"Enough," says the policeman. "**Where** are you going in such a hurry?"

"To work," says Wayne.

"Show me your driver's license," says the officer. Wayne takes out his wallet. He opens it. He pulls out his driver's license. He gives it to the police officer.

"This is expired," says the officer. "You're in big trouble." The officer tells Wayne he can't drive with an expired license. Wayne must get a new license. Wayne agrees. The officer tells him he can't drive to work today. Wayne must live without a car.

Wayne has to stop driving his car. Now he goes to work other ways. He can choose between the train or the bus. Sometimes, he rides his bike. If he is late, he takes a taxi. Today, he is late again.

Wayne arrives to the office.

"Hi, Wayne," says his colleague, Xavier. "**How** did you get here? Your license is expired, right?"

"Yes, it is," says Wayne. "Today I am in taxi. **How far** is your house from here?" Xavier usually walks to work.

"My house is a kilometer away," says Xavier. "**How long** does a taxi take to get here?"

"Oh, about twenty minutes," says Wayne.

"Not bad," says Xavier. "And **how much** does the taxi cost?"

"About twenty dollars," says Wayne.

"Oh, that is a bit expensive," says Xavier. "Which taxi company is it?"

"Birmingham Taxi," says Wayne. "Why are you so interested?"

"My family owns a taxi company," says Xavier. "My brother runs it."

"Nice," says Wayne. "Can I get a free ride?" They both laugh. Wayne is kidding. But he needs to solve his problem. He can't pay for a taxi every day. He decides tomorrow he is going to get his license.

The next day, Wayne takes the bus to the DMV, the Department of Motor Vehicles. This is the building where people get their driver's license. He gets out of his car. There is a line outside. Many people have to get their license. The office is slow. He gets in the line. After an hour, he is inside the building. There is another line. He waits.

"**Who** is next?" asks the woman.

"Me," says Wayne.

"Well, come on!" she says. She is impatient. "**What** do you need?"

"I need to renew my license," says Wayne.

"Give me your old card," she says.

"I don't have it," says Wayne. She stares at him. She seems angry.
"**Why don't** you have it?" she asks.

"I can't find it," says Wayne.

"**With whom** am I speaking?" she asks.

"What do you mean?" asks Wayne. He is confused.

"Ok, smart guy, tell me your first and last name," she says. Wayne tells her.

"**How old** are you?" she asks.

"**What for**?" asks Wayne.

"I have to confirm your birth date," she says. "**When were you born?**"
Wayne tells her. She looks at her computer. She takes a long time. She shakes her head.

"I can't find you," she says. "There is a problem with the system today. Come back tomorrow."

"I can't," says Wayne.

"If you want your license today, you will have to take the driving test over," she says.

"**How come**?" asks Wayne.

"The computer says you have no license," she says. Wayne needs his license today. He goes to the other line.

He will take his driver's test. Easy, he thinks. He knows how to drive. All the other people are teenagers. He is the oldest in this line.

"**Whose** turn is it?" asks a big man with a brown suit.

"Mine," says Wayne. He follows the big man to his car. They get in the car. Wayne tries to remember everything you do in a driver's test. He checks the mirrors. He puts on his seatbelt. He sees the examiner writing on a notepad.

"Okay, let's go," says the examiner.

Wayne carefully backs out of the parking space. He drives slowly. He uses his turn signal. He gets on the road and drives under the speed limit. The examiner directs him through the town. Wayne makes sure to stop at yellow lights and to use his blinker. Wayne does a good job.

Wayne thinks he passes. The examiner directs him back to the DMV. However, the examiner tells him to stop.

"Now you must parallel park," says the examiner. Wayne never parallel parks. He is nervous. The examiner directs him to a tiny parking space. Wayne turns the car into the space. He is almost finished parking. But then he hears a 'ding' sound. His car hits the car behind him.

"Oh, no," says Wayne.

"That is an automatic fail," says the examiner. "Sorry, you fail your driver's test."

Wayne gets out of the car to let the examiner drive the car back to the office.

"**How many** years have you been driving?" asks the examiner.

"Twenty-four," says Wayne. He is ashamed. He has to come back tomorrow.

CHAPTER 11
At the Travel Agency / likes and dislikes

HISTORIA

Yolanda y Zelda son hermanas. Tienen vidas muy ocupadas. Ambas viven en la ciudad de Nueva York. Yolanda es peluquera para celebridades. Zelda es abogada y tiene dos hijos. Están muy ocupadas, a veces no se ven durante meses.

Yolanda tiene una idea un día. Llama a Zelda.

"¡Zelda, querida! ¿Cómo estás?", pregunta.

"Bien, hermana", dice Zelda. "¿Cómo estás?"
"¡Genial! He tenido una idea maravillosa", dice Yolanda. "¡**Deberíamos** hacer un viaje juntas!"

"Qué gran idea", dice Zelda. "¡**Me encanta**! ¿A dónde?"

"No sé, donde sea", dice Yolanda. "¡Donde sea! ¡**Me encantaría** ir contigo a cualquier parte!"

"Vayamos a la agencia de viajes mañana", dice Zelda. "Ellos nos pueden ayudar."

Las hermanas se encuentran al día siguiente. Zelda trae páginas de investigación sobre vacaciones. Las páginas hablan de diferentes tipos de turismo. Hay turismo recreativo, como relajarse y divertirse en la playa. Hay turismo cultural como visitas turísticas o museos para aprender sobre historia y arte. El turismo de aventura es para personas que **adoran** explorar lugares distantes y actividades extremas. El ecoturismo es viajar a ambientes naturales.

Yolanda lee los periódicos. Turismo saludable es viajar para cuidar tu cuerpo y mente visitando lugares como balnearios. El turismo religioso es un viaje para celebrar eventos religiosos o visitar lugares religiosos importantes.

"Hay muchos tipos de viajes", dice Yolanda.

"Sí", dice Zelda. "**Me gusta** viajar por una razón. No soporto estar acostada en la playa, sin hacer nada." A Yolanda le gusta la playa. Le gusta no hacer nada de vacaciones. No dice nada.

Las hermanas llegan a la agencia de viajes. La agente de viajes es una mujer. Ella parece agradable. Yolanda y Zelda se sientan con ella.
"¿Cómo puedo ayudarte?", pregunta la agente.

"Nos gustaría hacer un viaje", dice Yolanda.

"¿Qué clase de viaje?" pregunta la agente.

"**Me enloquece** la cultura", dice Zelda. "Me encantan los museos. Me encanta el arte."

"**Prefiero** ir a algún lugar con sol. Me encantan las actividades al aire libre", dice Yolanda.

"La gente viaja por muchas razones", dice la agente. "¿Qué tal Barcelona?"

"No lo sé", dice Zelda. "**No soporto** no saber el idioma local."

"No hablamos español", dice Yolanda.

"¿Te gustaría París?", pregunta la agente. "Hay muy buenos museos y restaurantes."

"¡Nosotras tampoco hablamos francés!", dicen ambas.

"¿Qué tal Londres?", pregunta el agente.

"¡Genial!", dice Zelda.

"¡Tan lluvioso!" dice Yolanda al mismo tiempo. Las hermanas se miran.

"¡Dijiste que no te importaba Yoli!", dice Zelda.

"Quiero viajar contigo", dice Yolanda. "Pero **no me molesta** Londres. ¡**Detesto** la lluvia!"

"Vamos, Yolanda", dice Zelda. "¡Por favor!"

La agente muestra las fotos de las mujeres de Londres. Ven los edificios famosos. Yolanda le gustaría ver el Big Ben. Zelda está entusiasmada con el museo de arte moderno Tate.

"¿Qué tipo de hotel le gustaría?", pregunta la agente.

"Podríamos conseguir un apartamento en Airbnb", dice Yolanda.

"No, **detesto** quedarme en casas ajenas", dice Zelda.
"Tenemos hermosos hoteles en el centro de la ciudad", dice el agente.

"Eso suena genial", dice Zelda.

Zelda prefiere los hoteles de lujo. Sabe que a Yolanda **no le gustan mucho** los hoteles de lujo. Pero Zelda nunca se va de vacaciones. Ella quiere que estas vacaciones sean perfectas. La agencia de viajes muestra las fotos a las hermanas. Las habitaciones del hotel son enormes. Algunos tienen un baño en el medio de la habitación.

"Son magníficos", dice Zelda. "¿Te importa si nos quedamos en un hotel de lujo, Yolanda?"

"**Para nada**", dice Yolanda. Zelda sabe que **no le gustan** los hoteles de lujo. Yolanda se siente triste. Zelda hace lo que quiere.
"**¿Qué les gustaría** hacer en Londres?", pregunta la agente de viajes.

"Nos encantaría ir a todos los museos, visitar el Palacio y algunas galerías de arte", dice Zelda.

"Está bien", dice la agente de viajes. "Eso es probablemente suficiente para llenar su tiempo en Londres."

Yolanda no dice nada. Las hermanas pagan y dejan la agencia de viajes. Zelda está contenta. Yolanda desea que las vacaciones sean más de su estilo. Se va a casa. Piensa en el viaje. Sonríe. Tiene un plan.

Al día siguiente, Yolanda vuelve a la agencia de viajes.

"Hola, Yolanda", dice la agente. "¿Cómo puedo ayudarte?"

"**Queremos** cambiar un poco nuestro viaje", dice Yolanda.

"No hay problema", dice el agente de viajes.

"**Preferiríamos** ir a algún lugar soleado", dice Yolanda.

"Por supuesto", dice la agente de viajes. La agente de viajes sugiere muchos lugares diferentes. Yolanda firma algunos papeles nuevos. Le da dinero a la agente por el cambio. Se imagina a Zelda de vacaciones. Sonríe. A Zelda **le gustan** las sorpresas.

Es fin de semana. Es hora del viaje de Yolanda y Zelda. Las hermanas se encuentran en el aeropuerto. Están emocionadas. Yolanda está nerviosa.

"Te traje café", dice. Zelda toma el café.

"Gracias", dice. Toma un sorbo. "¡Oh, pero **odio** el azúcar en mi café, Yoli!"

Yolanda se disculpa. Toma los dos cafés en sus manos. Ahora no puede llevar su maleta.

Las dos hermanas pasan por seguridad. Esperan para abordar el avión. La pantalla dice "Vuelo 361 a Londres / Con conexiones / British Airways". Yolanda sonríe al subir al avión.

El vuelo dura seis horas. Yolanda y Zelda duermen. Se despiertan cuando el avión llega al aeropuerto de Londres. La azafata utiliza el altavoz. "Si se aloja en Londres o tiene una conexión, por favor póngase de pie y deje el avión."

Zelda se levanta. Yolanda no.

"Vamos, Yolanda", dice Zelda. Yolanda no se mueve.

"¡Vamos!", dice Zelda.

"En realidad, hermana", dice Yolanda. "Hay un cambio de planes. Nos quedaremos en este avión."

Zelda parece estar confundida.
La azafata utiliza el altavoz de nuevo. "Si usted está viajando a nuestro próximo destino, permanezca en sus asientos. ¡Próxima parada-Fiji!"

RESUMEN
Dos hermanas, Yolanda y Zelda, quieren hacer un viaje juntas. Van a la agencia de viajes. Son muy diferentes. Es difícil para ellas acordar un lugar. A Zelda le gusta planear vacaciones y ver arte y cultura. Finalmente, deciden a dónde quieren ir. Pero al día siguiente, Yolanda vuelve a la agencia de viajes. Cambia de destino. Zelda se entera cuando su avión aterriza.

Lista de Vocabulario

we should	deberíamos
I love	Me encanta
I would love	Me encantaría
I adore	Yo adoro
I enjoy	Disfruto
I can't stand	No puedo estar de pie
we would like	nos gustaría
I'm crazy about	Estoy loco por
I prefer	Prefiero
I can't bear	No lo puedo soportar
would you like	te gustaría
I'm not mad about	No estoy enojado por
I detest	Detesto
I loathe	Odio
doesn't like	no le gusta
very much	mucho
not at all	para nada
dislikes	disgustos
what would you like	¿qué te gustaría
we want	queremos
we would rather	preferiríamos
likes	gustar
I hate	Yo odio

PREGUNTAS

1) ¿Cómo se conocen Yolanda y Zelda?
    a) son amigas
    b) son hermanas
    c) trabajan juntas
    d) son vecinas

2) ¿Qué le gusta hacer a Zelda de vacaciones?
    a) ver arte y cultura
    b) tumbarse en la playa
    c) relajarse
    d) ver lo que sucede sin planes

3) ¿Cuál de las siguientes decisiones hace Yolanda en la primera reunión con la agencia de viajes?
    a) a dónde ir
    b) Lugar de estancia
    c) qué hacer
    d) ninguna de las anteriores

4) ¿Qué hace Yolanda cuando va a la agencia de viajes por segunda vez?
    a) pide su dinero de vuelta
    b) cancela el viaje
    c) cambia el destino
    d) llama a Zelda

5) ¿Qué sucede cuando las hermanas aterrizan en Londres?
    a) van a su hotel
    b) van a un museo
    c) el avión se estrella
    d) Yolanda sorprende a Zelda con un nuevo destino

RESPUESTAS

1) ¿Cómo se conocen Yolanda y Zelda?
    b) son hermanas

2) ¿Qué le gusta hacer a Zelda de vacaciones?
　　a) ver arte y cultura

3) ¿Cuál de las siguientes decisiones hace Yolanda en la primera reunión con la agencia de viajes?
　　d) ninguna de las anteriores

4) ¿Qué hace Yolanda cuando va a la agencia de viajes por segunda vez?
　　c) cambia el destino

5) ¿Qué sucede cuando las hermanas aterrizan en Londres?
　　d) Yolanda sorprende a Zelda con un nuevo destino

Translation of the Story
At the Travel Agency

STORY

Yolanda and Zelda are sisters. They have very busy lives. They both live in New York City. Yolanda is a hairdresser for celebrities. Zelda is a lawyer and has two children. They are so busy, sometimes they don't see each other for months.

Yolanda has an idea one day. She calls Zelda.

"Zelda, dear! How are you?" she asks.

"Fine, sis," says Zelda. "How are you?"

"Great! I've had a marvelous idea," says Yolanda. "**We should** take a trip together!"

"What a great idea," says Zelda. "**I love** it! Where to?"

"I don't know, anywhere," says Yolanda. "Wherever! **I would love** to go anywhere with you!"

"Let's go to the travel agency tomorrow," says Zelda. "They can help."

The sisters meet the next day. Zelda brings pages of research on vacations. The pages talk about different types of tourism. There is recreational tourism, like relaxing and having fun at the beach. There's cultural tourism like sightseeing or visiting museums to learn about history and art. Adventure tourism is for people who **adore** exploring distant places and extreme activities. Ecotourism is traveling to natural environments.

Yolanda reads the papers. Health tourism is travel to look after your body and mind by visiting places like spa resorts. Religious tourism is travel to celebrate religious events or visit important religious places.

"There are so many types of travel," says Yolanda.

"Yes," says Zelda. "**I enjoy** traveling for a reason. I can't stand lying on the beach, doing nothing." Yolanda likes the beach. She likes doing nothing on vacation. She doesn't say anything.

The sisters arrive to the travel agency. The travel agent is a woman. She seems nice. Yolanda and Zelda sit down with her.

"How can I help you?" asks the agent.

"We would like to take a trip," says Yolanda.

"What kind of trip?" asks the agent.

"**I'm crazy about** culture," says Zelda. "I love museums. I love art."

"**I would rather** go somewhere with sunshine. I love outdoor activities," says Yolanda.

"People travel for lots of reasons," says the agent. "How about Barcelona?"

"Oh, I don't know," says Zelda. "**I can't bear** not knowing the local language."

"We don't speak Spanish," says Yolanda.

"Would you like Paris?" asks the agent. "There are very good museums and restaurants."

"We don't speak French, either!" they both say.

"How about London?" asks the agent.

"Great!" says Zelda.

"So rainy!" says Yolanda at the same time. The sisters look at each other.

"You said you don't care Yoli!" says Zelda.

"I want to travel with you," says Yolanda. "**I'm not mad about** London, though. **I detest** the rain!"

"Come on, Yolanda," says Zelda. "Please!"

The agent shows the women pictures of London. They see the famous buildings. Yolanda would like to see Big Ben. Zelda is excited about the Tate Modern art museum.

"What kind of hotel would you like?" asks the agent.

"We could get an Airbnb apartment," says Yolanda.

"No, **I loathe** staying in other people's homes," says Zelda.

"We have beautiful hotels in the center of the city," says the agent.

"That sounds great," says Zelda.

Zelda prefers luxurious hotels. She knows Yolanda **doesn't like** fancy hotels **very much**. But Zelda never goes on vacation. She wants this vacation to be perfect. The travel agent shows the sisters pictures. The hotel rooms are huge. Some have a bath in the middle of the room.

"Those are gorgeous," says Zelda. "Do you mind if we stay in a fancy hotel, Yolanda?"

"**Not at all**," says Yolanda. Zelda knows she **dislikes** fancy hotels. Yolanda feels sad. Zelda does what she wants.

"**What would you like** to do while in London?" asks the travel agent.

"We would love to go to all the museums, visit the Palace, and visit some art galleries," says Zelda.

"Okay," says the travel agent. "That's probably enough to fill your time in London."

Yolanda doesn't say anything. The sisters pay and leave the travel agent. Zelda is happy. Yolanda wishes the vacation was more her style. She goes home. She thinks about the trip. She smiles. She has a plan.

The next day, Yolanda returns to the travel agent.

"Oh hello, Yolanda," says the agent. "How can I help you?"

"**We want** to change our trip a bit," says Yolanda.

"No problem," says the travel agent.

"**We would rather** go to somewhere sunny," says Yolanda.

"Of course," says the travel agent. The travel agent suggests many different locations. Yolanda signs some new papers. She gives the agent money for the change. She imagines Zelda on vacation. She smiles. Zelda **likes** surprises.

It is the weekend. It is time for Yolanda and Zelda's trip. The sisters meet at the airport. They are excited. Yolanda is nervous.

"I brought you coffee," she says. Zelda takes the coffee.

"Thanks," she says. She takes a sip. "Oh, but **I hate** sugar in my coffee, Yoli!"

Yolanda apologizes. She takes both coffees in her hands. Now she can't carry her suitcase.

The two sisters go through security. They wait to board the plane. The screen says "Flight 361 to London / With Connections / British Airways". Yolanda smiles as they get on the plane.

The flight lasts six hours. Yolanda and Zelda sleep. They awake as the plane pulls into the airport in London. The flight attendant uses the speaker. "If you are staying in London or have a connection, please stand and leave the plane."

Zelda stands up. Yolanda does not.

"Come on, Yolanda," says Zelda. Yolanda doesn't move.

"Let's go!" says Zelda.

"Actually, sis," says Yolanda. "There is a change of plans. We are staying on this plane."

Zelda looks confused.

The flight attendant uses the speaker again. "If you are traveling through to our next destination, remain in your seats. Next stop—Fiji!"

CHAPTER 12
Valentine's Day in Paris / prepositions

HISTORIA

Charles y Dana son novio y novia. Están enamorados. Charles quiere hacer algo especial para el Día de San Valentín. Invita a Dana a París. París se llama la ciudad del amor. Mucha gente viaja a París para pasar tiempo romántico con su pareja. ¿Tal vez son las películas, la comida, los hermosos edificios? París siempre se siente romántico.

La pareja llega a París el 13 de febrero. El avión aterriza. Están encantados. Charles y Dana recogen su equipaje.

"Vamos al hotel", dice Charles.

"¿Cómo?", pregunta Dana.

"Podemos tomar el tren al centro de la ciudad", dice Charles. **Delante** de la pareja hay una señal para el tren del aeropuerto. Siguen las flechas, caminando **por debajo** de ellas. Caminan **a través** del puente del cielo, hasta que llegan a la entrada del tren. Ellos van a la máquina de boletos.

"¿Qué boleto compramos?" pregunta Dana. Ambos miran fijamente la máquina.

"No lo sé", dice Charles. "El hotel está **en** el 7mo distrito." Charles adivina qué boleto comprar. Él lo compra y van a la plataforma del tren. Por **encima** de las vías, hay una señal. Dice a dónde va cada tren. Un tren se acerca. El letrero dice "Centre-ville". Se suben al tren.

Cuando el tren llega al destino, se **bajan** del tren. Suben las escaleras del metro. Salen al exterior. La Torre Eiffel está **sobre** ellos.

"Es hermoso", dice Dana.

"Sí, es increíble", dice Charles.

"Quiero llegar **a la cima**", dice Dana.

"¿Sabías que pintan la torre cada siete años?" pregunta Charles. "¡Con 50 toneladas de pintura!"

"No lo sabía", dice Dana. Charles le cuenta más sobre la Torre Eiffel. Fue construida en 1889. Lleva el nombre de Gustave Eiffel, el arquitecto a cargo del proyecto. Durante 41 años, fue la estructura más alta del mundo. Hay muchas réplicas de la torre **alrededor** del mundo. Incluso hay una réplica de tamaño completo en Tokio.

"Me encanta París", dice Dana.

"Vamos al hotel", dice Charles. Caminan hasta el hotel cercano. Está justo **detrás** de la Torre Eiffel.

El día siguiente es San Valentín. La pareja tiene un almuerzo especial planeado. Van al restaurante Epicure. Es uno de los restaurantes más románticos de la ciudad.

"¿Estás lista?", pregunta Charles.

"Sí", dice Dana. "¿Cómo llegamos allí?" Salen **fuera** del hotel.

"Está **pasando** los Campos Elíseos", dice Charles. Caminan **por** la calle. Caminan **hacia** el río. Es un día hermoso. El sol brilla. Dana nota lo hermosos que son los edificios. Todos son muy antiguos.

"Deberíamos tener edificios como este en América", dice Dana.

"Son más viejos que América", dice Charles. Charles y Dana caminan **a lo largo** del río. Se toman de la mano. París es una ciudad para los amantes.

Epicure está **cerca** del distrito comercial central. Pasan por tiendas como Louis Vuitton y Pierre Hermé. Dana se detiene a mirar por las ventanas. El restaurante está **al lado** de una de sus tiendas favoritas.

"Por favor, podemos entrar", dice ella. Cuando **pasan por** la puerta de Hermes, Carlos sabe que está en problemas. Bolsos y bufandas hay en todas partes. Dana se vuelve loca. Ella toma dos bufandas de una exhibición. Agarra un bolso de **entre** una pila de bolsos.

"¿Por favor, Charles?", le pregunta. "¿Un pequeño recuerdo de París?" piensa Charles. Los tres artículos cuestan lo mismo que el billete de avión a París. Es el día de San Valentín, sin embargo. Él dice que sí. Dana lleva las bufandas y el bolso a la caja registradora. Charles paga con su tarjeta de crédito. Salen de la tienda. Dana está muy contenta.

Charles y Dana siguen por la calle. No ven Epicure.

"Está justo aquí", dice Charles.

"¿Justo dónde?" pregunta Dana.

"Aquí", dice Charles. "Eso es lo que dice Google Maps."

"No lo veo", dice Dana.

Charles llama al restaurante con su celular. "Hola, no podemos encontrar el restaurante", dice. Escucha. La persona habla francés. "¿Hablas inglés? ¿No?" La persona cuelga.

"No hablan inglés", dice Charles.

"Tiene que estar aquí", dice Dana. Ve un pequeño callejón. Entra en el callejón y camina un poco.

"Aquí está", dice. El restaurante está **dentro** del callejón, escondido **al final**.

"Gracias a Dios", dice Charles. "¡Ya llegamos tarde!" Entran en el restaurante.

"¿Tiene una reserva?", pregunta el camarero.

"Sí", dice Charles. "Llegamos un poco tarde. Charles."

"Síganme", dice el camarero. Siguen al camarero. Caminan entre mesas con manteles blancos. Son los primeros comensales. El restaurante está vacío.

"Es hermoso", dice Dana. Se sientan en su mesa. Tiene flores frescas en ella. Su mesa está al lado del fuego. Un candelabro de oro cuelga del techo.

"¿Qué les gustaría?", pregunta el camarero.

"El pollo con setas, y los macarrones con foie gras y alcachofa", dice Charles.

"Recomiendo los macarrones **antes** del pollo", dice el camarero.

"Está bien", dice Charles.

"El pollo se sirve con una ensalada", dice el camarero.

"Perfecto", dice Charles. "Y por favor tráenos un poco de champaña." Charles guiña un ojo al camarero.

"¿Por qué le guiñaste el ojo?", pregunta Dana.

"¡No fue mi intención!", dice Charles.

Dana y Charles están muy contentos. El restaurante es uno de los mejores de París. Tiene tres estrellas Michelin. El camarero viene **detrás** de Charles con los macarrones. Es muy rico. Tiene trufa negra en la parte superior. Están de acuerdo, son los mejores macarrones que han tenido.

El camarero lleva un carro a la mesa. Tiene dos copas, una botella de champán y una caja negra. El camarero abre el vino y lo sirve para Charles y Dana. Deja la caja negra sobre la mesa.

"¿Qué es eso?" pregunta Dana.

"Dana, ¿te casarás conmigo?" pregunta Charles. Levanta la parte superior de la caja negra. **Debajo** hay un enorme anillo de diamantes. Lo pone en el dedo de Dana.

"¡Sí!" grita Dana.

París es la ciudad del amor.

RESUMEN
Charles y Dana están enamorados. Hacen un viaje a París para el Día de San Valentín. Se pierden buscando su hotel. No entienden el metro. Ni Charles ni Dana hablan francés. Charles reserva un almuerzo especial para el Día de San Valentín. Dana no puede resistir las tiendas de París. Tienen dificultades para encontrar el restaurante. Dana encuentra el restaurante en un callejón. En el almuerzo, Charles tiene una sorpresa secreta para Dana. ¿Qué es? Una muestra de amor verdadero. Un camarero en el restaurante trae el anillo con el champán. Charles le pide a Dana que se case con él.

Lista de Vocabulario

in front of	delante de
beneath	debajo
across	a través de
in	en
above	encima de
into	en
off	fuera
above	más arriba
to	a
around	alrededor
behind	detrás
out of	fuera de
past	pasado
down	abajo
toward	hacia
along	a lo largo
near	cerca
next to	al lado de
through	a través
from	desde
amongst	entre
within	dentro de
at	en
between	entre
on	en
beside	al lado
before	antes de
with	con
behind	detrás
below	debajo

PREGUNTAS

1) ¿Quién tuvo la idea de ir de vacaciones a París?
    a) Charles
    b) el padre de Charles
    c) la agencia de viajes
    d) Dana

2) ¿Qué es lo primero que Charles y Dana ven en París?
    a) el Louvre
    b) los Campos Elíseos
    c) el hotel
    d) la Torre Eiffel

3) ¿Qué otra ciudad del mundo tiene una Torre Eiffel de tamaño completo?
    a) Nueva York
    b) Tokio
    c) Dubái
    d) Hong Kong

4) ¿Qué convence Dana a Charles de hacer el Día de San Valentín?
    a) ir a casa
    b) ir al museo
    c) comprarle algo en Hermes
    d) dejar de beber

5) ¿Cómo le da Charles a Dana el anillo de compromiso?
    a) un camarero lo saca con el champán
    b) lo pone en su helado
    c) lo toma de su bolsillo
    d) se pone de rodillas

RESPUESTAS

1) ¿Quién tuvo la idea de ir de vacaciones a París?
    a) Charles

2) ¿Qué es lo primero que Charles y Dana ven en París?
    d) la Torre Eiffel

3) ¿Qué otra ciudad del mundo tiene una Torre Eiffel de tamaño completo?
    b) Tokio

4) ¿Qué convence Dana a Charles de hacer el Día de San Valentín?
    c) comprarle algo en Hermes

5) ¿Cómo le da Charles a Dana el anillo de compromiso?
    a) un camarero lo saca con el champán

Translation of the Story
Valentine's Day in Paris

STORY

Charles and Dana are boyfriend and girlfriend. They are in love. Charles wants to do something special for Valentine's Day. He invites Dana to Paris. Paris is called the city of love. Many people travel to Paris to spend romantic time with their partner. Maybe it is the movies, the food, the beautiful buildings? Paris always feels romantic.

The couple arrives to Paris on February 13. The plane lands. They are thrilled. Charles and Dana collect their baggage.

"Let's go to the hotel," says Charles.
"How?" asks Dana.

"We can take the train to the city center," says Charles. **In front of** the couple is a sign for the airport train. They follow the arrows, walking **beneath** them. They walk **across** the sky bridge, until they come to the entrance to the train. They go up to the ticket machine.

"Which ticket do we buy?" asks Dana. They both stare at the machine.

"I don't know," says Charles. "The hotel is **in** the 7th arrondissement." Charles guesses which ticket to buy. He buys it and they go to the train platform. **Above** the tracks, there is a sign. It tells where each train is going. A train approaches. The sign says 'centre-ville'. They get **into** the train.

When the train reaches the destination, they get **off** the train. They go up the metro stairs. They step outside. The Eiffel Tower stands **above** them.

"It's beautiful," says Dana.

"Yes, it's amazing," says Charles.

"I want to go **to** the top," says Dana.

"Did you know they paint the tower every seven years?" asks Charles. "With 50 tons of paint!"

"I didn't know that," says Dana. Charles tells her more about the Eiffel Tower. It was built in 1889. It is named after Gustave Eiffel, the architect in charge of the project. For 41 years, it was the tallest structure in the world. There are many replicas of the tower **around** the world. There is even a full-size replica in Tokyo.

"I love Paris," says Dana.

"Let's go to the hotel," says Charles. They walk to the nearby hotel. It is just **behind** the Eiffel Tower.

The next day is Valentine's Day. The couple has a special lunch planned. They go to the restaurant Epicure. It is one of the city's most romantic restaurants.

"Are you ready?" asks Charles.

"Yes," says Dana. "How do we get there?" They walk **out of** the hotel.

"It is just **past** the Champs-Élysées," says Charles. They walk **down** the street. They walk **toward** the river. It is a beautiful day. The sun is shining. Dana notices how beautiful the buildings are. They are all very old.

"We should have buildings like this in America," says Dana.

"They are older than America," says Charles. Charles and Dana walk **along** the river. They hold hands. Paris is a city for lovers.

Epicure is **near** the central shopping district. They pass shops like Louis Vuitton and Pierre Hermé. Dana stops to look in the windows. The restaurant is **next to** one of her favorite shops.

"Please can we go in," she says. When they go **through** the door of Hermes, Charles knows he is in trouble. Purses and scarves are everywhere. Dana goes crazy. She takes two scarves **from** a display. She grabs a bag from **amongst** a pile of purses.

"Please, Charles?" she asks him. "A little Paris souvenir?" Charles thinks. The three items cost the same as the airplane ticket to Paris. It is Valentine's Day, though. He says yes. Dana takes the scarves and the purse to the cash register. Charles pays with his credit card. They leave the shop. Dana is very content.

Charles and Dana continue down the street. They don't see Epicure.

"It is right here," says Charles.

"Right where?" asks Dana.

"Here," says Charles. "That is what Google maps says."

"I don't see it," says Dana.

Charles calls the restaurant on his cell phone. "Hello, we cannot find the restaurant," he says. He listens. The person speaks French. "Do you speak English? No?" The person hangs up.

"They don't speak English," says Charles.

"It has to be here," says Dana. She spots a small alley. She enters the alleyway and walks a bit.

"Here it is," she says. The restaurant is **within** the alleyway, hidden **at** the very end.

"Thank goodness," says Charles. "We are already late!" They enter the restaurant.

"Do you have a reservation?" asks the waiter.

"Yes," says Charles. "We are a bit late. Charles."

"Follow me," says the waiter. They follow the waiter. They walk between tables with white tablecloths. They are the first diners. The restaurant is empty.

"It's beautiful," says Dana. They sit at their table. It has fresh flowers **on** it. Their table is **beside** the fire. A golden chandelier hangs from the ceiling.
"What would you like?" asks the waiter.

"The chicken with mushrooms, and the macaroni with foie gras and artichoke," says Charles.

"I recommend the macaroni **before** the chicken," says the waiter.

"Ok," says Charles.

"The chicken is served with a side salad," says the waiter.

"Perfect," says Charles. "And please bring us some champagne." Charles winks at the waiter.

"Why did you wink at him?" asks Dana.
"I didn't mean to!" says Charles.

Dana and Charles are very happy. The restaurant is one of the best in Paris. It has three Michelin stars. The waiter comes up **behind** Charles with the macaroni. It is very rich. It has black truffle on top. They agree, it is the best macaroni they have ever had.

The waiter rolls a cart to the table. It has two glasses, a bottle of champagne, and a black box. The waiter opens the wine and pours it for Charles and Dana. He leaves the black box on the table.

"What's that?" asks Dana.

"Dana, will you marry me?" asks Charles. He lifts the top of the black box. **Below** is a huge diamond ring. He puts it on Dana's finger.
"Yes!" shouts Dana.

Paris really is the city of love.

Spanish Short Stories for Beginners Book 5

Over 100 Dialogues and Daily Used Phrases to Learn Spanish in Your Car. Have Fun & Grow Your Vocabulary, with Crazy Effective Language Learning Lessons

www.LearnLikeNatives.com

CHAPTER 13
New Roommates / Common everyday objects + possession

HISTORIA

Hoy es día de mudanza en la universidad. Los estudiantes de primer año trasladan **sus** cosas al dormitorio.

Anna llega a la universidad con sus padres. **Su** coche está cargado de **cajas**. Anna trae todo lo que necesita para un año de escuela con ella. Aparcan fuera del dormitorio de Anna. El edificio es un gran edificio de ladrillo. Se ve aburrido. Anna trata de pensar positivo. Este año será genial, se dice a sí misma.
Su familia comienza a descargar el coche. Anna está muy preparada. Sacan cajas llenas de sus cosas. Su hermano la ayuda a llevar las cajas a la habitación. La habitación es pequeña. Hay dos camas. Anna tendrá un compañero de cuarto.

La primera caja que Anna abre tiene material escolar. Ella pone sus **blocs de notas**, **lápices** y **bolígrafos** en su escritorio. La habitación no tiene decoración, a excepción de un **televisor** en la pared. Anna organiza sus cosas en la habitación. Ella saca su **calendario** para ponerlo en la pared.

"¡Esto no es **mío**!", dice. Es un calendario de mujeres guapas.

"Esto es **tuyo**", dice Anna, señalando a su hermano.

"Oh, lo siento", dice su hermano. Anna lo tira a la **basura**. La familia se ríe.

Llaman a la puerta. Abren la puerta. Una chica rubia está afuera. Está con una mujer mayor, su madre.

"Hola, soy Beatriz", dice la chica.

"Soy Anna", dice Anna. "¡Supongo que somos compañeras de cuarto!"

"¿De dónde eres?", pregunta Beatriz.

"Cerca, a sólo una hora al norte", dice Anna.

"¡Yo también!", dice Beatriz.

Las chicas se dan la mano y sonríen. Beatriz trae sus propias cajas. Las familias ayudan a sus hijas a desempacar.

Los primeros días de escuela son agradables. Anna hace nuevos amigos. Ella y Beatriz se llevan muy bien. Anna va a sus nuevas clases. Todo es perfecto. Sin embargo, una cosa está mal. Algunas de las pertenencias de Anna comienzan a desaparecer. Primero, ella no puede encontrar su **cepillo**. Luego, al día siguiente, se mira en el **espejo**. Ve su **loción**, pero su **perfume** ha desaparecido. Cuando ella llega de clase esa noche, pone algo de música. No hay sonido. ¡Su **altavoz** no está!

Le pregunta a Beatriz. "Beatriz", dice. "¿Tú has perdido algo?"

"¡Sí!" dice Beatriz. "Mi **computadora portátil**. Me estoy volviendo loca."

"¡Oh no!", dice Anna. "También me faltan algunas cosas."

A Anna le faltan tres cosas ahora. Ella llama a su madre por su **celular**.

"Hola, mamá", dice Anna.

"Hola, cariño", dice su madre. "¿Cómo va la escuela?"

"Bien", dice Anna. "Pero mis pertenencias siguen desapareciendo."

"¿Qué quieres decir?" pregunta su madre. Anna le dice a su madre sobre el perfume, el altavoz, y el cepillo perdido.

"Eso es tan extraño", dice su madre. "¿Los llevaste a algún lado?"

"No, mamá", dice Anna. "Nunca salí de la habitación. El resto del **equipo de música** está aquí. Mi **reproductor de mp3**, también."

"¿Cierras la puerta?" le pregunta su madre.

"¡Sí, mamá!" dice Anna. "Y es sólo el perfume que no está. ¡Todavía tengo todo el **maquillaje**, **lápiz labial**, todo!"

"¿Crees que podría ser Beatriz?", le pregunta su madre.
"De ninguna manera, ella también está perdiendo cosas", dice Anna.

"Vale, ve a ver a los objetos perdidos", dice la madre de Anna.

"¡Bien! Tengo que irme", dice Anna.

Anna cuelga el teléfono. La idea de su madre es buena. Baja las escaleras a la oficina del dormitorio. Pide ver la caja de objetos perdidos. La caja está llena. Mira dentro de ella. Encuentra **cuadernos**, una **cámara de vídeo** e incluso un **peine**. Pero no ve sus cosas. Se ve más. Ve una **computadora portátil**.

"¿Es **tuyo**?", pregunta pensando en Beatriz. Lo saca. Lo es. Toma el ordenador para dárselo a Beatriz. Al menos encuentra algo.
Sube las escaleras. Le da la computadora a Beatriz.

"¡Wow, Anna, es **mi** computadora!" dice Beatriz. "Muchas gracias."

"De nada", dice Anna. "Me alegra haber encontrado **tu** computadora."

"Yo también", dice Beatriz. "¿Encontraste alguna de tus cosas?"

"No", dice Anna.
"Triste", dice Beatriz. Las chicas se van a dormir.

Al día siguiente, Beatriz tiene clase. Anna se queda en el dormitorio. Trabaja en un proyecto, usando **tijeras** para cortar cuadros para pegar en una **carpeta**. Piensa en sus objetos perdidos. Quizás debería mirar en el dormitorio. Mira por todas partes. Luego se vuelve hacia el armario de Beatriz. Lo abre. Mira dentro de él.

"¡Esto es mío!", dice Anna. Saca su cepillo. Está sorprendida. ¿Por qué está su cepillo en el armario de Beatriz? Mira más de cerca. Debajo de una pila de **ropa**, siente algo duro. Lo saca. ¡Es su botella de perfume! Cuando mira más de cerca, también encuentra su altavoz.

"Era Beatriz todo el tiempo", dice Anna. Suena el **teléfono** de la habitación. Anna responde. Es la mamá de Beatriz.

"Hola, Anna", dice la mamá de Beatriz. "¿Cómo estás?"

"Bien", dice Anna. "Beatriz no está aquí."

"¿Puedes decirle que llamé?" le pregunta la madre de Beatriz.

"Sí, pero, ¿puedo hablarte de algo?" pregunta Anna.

"Claro", dice la mamá de Beatriz.

"Algunas de mis cosas han desaparecido", dice Anna. "Y acabo de encontrar muchas de ellas en el armario de **su** hija."

"Oh, no", dice la mamá de Beatriz. "Necesito decirte algo."

"¿Qué?", dice Anna.

"Beatriz es una cleptómana", dice su madre. "Toma cosas y luego las devuelve exactamente siete días después. Ella te devolverá esos objetos para mañana."

"¿Qué hago?", pregunta Anna.

"Espera a que ella los devuelva", dice su madre.

"Está bien", dice Anna.
"Gracias por entenderlo", dice la madre de Beatriz.
RESUMEN
Anna y Beatriz son compañeras de cuarto. Es su primer año en la universidad. Se encuentran en el día de la mudanza. Consiguen su dormitorio establecido. Sus padres ayudan. Se llevan bien. Durante la primera semana, muchas de las posesiones de Anna desaparecen. No las puede encontrar en ninguna parte. Beatriz también tiene algunos objetos que faltan. Anna busca por todas partes. Busca en los objetos perdidos, donde encuentra el ordenador de Beatriz desaparecido. Cuando Beatriz no está, Anna mira en su armario. Encuentra todos sus objetos. Llama la madre de Beatriz. Le dice a Anna que Beatriz es una cleptómana.

Lista de Vocabulario

their	su (3ra persona)
her	su (femenino)
boxes	cajas
mine	mío
notepads	blocs de notas
pencils	lápices
pens	bolígrafos
television	televisión
calendar	calendario
his	su (masculino)
trash can	bote de basura
brush	cepillo
mirror	espejo
lotion	loción
perfume	perfume
speaker	altavoz
computer	computadora
cell phone	teléfono celular
stereo system	sistema estéreo
makeup	maquillaje
lipstick	pintalabios
notebook	cuaderno
video camera	cámara de vídeo
comb	peine
my	mi
yours	tus / sus
your	tu / su
scissors	tijeras
clothes	ropa
telephone	telefono
your	tu / su

PREGUNTAS

1) ¿Cómo se conocen Beatriz y Anna?
    a) siempre han sido amigas
    b) se reúnen en clase
    c) son compañeras de cuarto
    d) van a la misma escuela

2) ¿Cuál de estos artículos no desapareció?
    a) cepillo
    b) perfume
    c) altavoz
    d) espejo

3) ¿Qué sugiere la madre de Anna?
    a) que Anna vuelva a casa
    b) que Anna se enfrente a Beatriz
    c) que Anna compre un nuevo cepillo
    d) que Anna busque en los objetos perdidos

4) ¿Qué encuentra Anna en los objetos perdidos?
    a) su cepillo
    b) la computadora de Beatriz
    c) una sudadera
    d) su perfume

5) ¿Qué pasó con las cosas de Anna?
    a) Beatriz las tomó y las puso en su armario
    b) Anna las perdió
    c) Anna las tiró
    d) nada

RESPUESTAS

1) ¿Cómo se conocen Beatriz y Anna?
	c) son compañeras de cuarto

2) ¿Cuál de estos artículos no desapareció?
	d) espejo

3) ¿Qué sugiere la madre de Anna?
	d) que Anna busque en los objetos perdidos
4) ¿Qué encuentra Anna en los objetos perdidos?
	b) la computadora de Beatriz

5) ¿Qué pasó con las cosas de Anna?
	a) Beatriz las tomó y las puso en su armario

Translation of the Story
New Roommates

STORY

Today is move-in day at the university. First year students move **their** things into the dormitory.

Anna arrives to the university with her parents. **Her** car is loaded with **boxes**. Anna brings everything she needs for a year of school with her. They park outside of Anna's dormitory. The building is a big, brick building. It looks boring. Anna tries to think positive. This year will be great, she tells herself.

Her family begins to unload the car. Anna is very prepared. They take out boxes full of her things. Her brother helps her take the boxes up to the room. The room is small. There are two beds. Anna will have a roommate.

The first box Anna opens has school supplies. She puts her **notepads**, **pencils** and **pens** on her desk. The room has no decoration, except for a **television** on the wall. Anna organizes her things in the room. She takes her **calendar** out to put on the wall.

"This isn't **mine**!" she says. It is a calendar of pretty women.

"This is **his**," Anna says, pointing at her brother.

"Oh, sorry," says her brother. Anna throws it in the **trash can**. The family laughs.

There is a knock on the door. They open the door. A blonde girl stands outside. She is with an older woman, her mother.

"Hello, I'm Beatriz," says the girl.

"I'm Anna," says Anna. "I guess we are roommates!"

"Where are you from?" asks Beatriz.

"Nearby, just an hour north," says Anna.

"Me too!" says Beatriz.

The girls shake hands and smile. Beatriz brings her own boxes. The families help their daughters unpack.
The first days of school are nice. Anna makes new friends. She and Beatriz get along great. Anna goes to her new classes. Everything is perfect. However, one thing is wrong. Some of Anna's belongings begin to disappear. First, she can't find her **brush**. Then, the next day, she looks in the **mirror**. She sees her **lotion** but her **perfume** is missing. When she arrives from class that evening, she puts on some music. There is no sound. Her **speaker** is gone!

She asks Beatriz. "Beatriz," she says. "Are you missing anything?"

"Yes!" says Beatriz. "My laptop **computer**. I am freaking out."

"Oh no!" says Anna. "I am missing a few things, too."

Anna is missing three things now. She calls her mother on her **cell phone**.

"Hi, mom," says Anna.

"Hi, honey," says her mom. "How is school?"

"Fine," says Anna. "But my belongings keep disappearing."

"What do you mean?" asks her mom. Anna tells her mom about the missing perfume, the missing speaker, and the missing brush.

"That is so strange," says her mom. "Did you take them somewhere?"

"No, mom," says Anna. "I never left the room. The rest of the **stereo system** is here. My **mp3 player,** too."

"Do you lock your door?" asks her mom.

"Yes, mom!" says Anna. "And it's just the perfume that is gone. I still have all the other **makeup**, **lipstick**, everything!"

"Do you think it could be Beatriz?" asks her mom.

"No way, she is missing stuff too," says Anna.

"Ok, go check the lost-and-found," says Anna's mom.

"Ok! Gotta go," says Anna.

Anna hangs up the phone. Her mom's idea is good. She goes downstairs to the dormitory office. She asks to see the lost-and-found box. The box is full. She looks through it. She finds **notebooks**, a **video camera**, and even a **comb**. But does not see her things. She looks more. She sees a laptop **computer**.

"Is that **yours**?" she asks, thinking of Beatriz. She pulls it out. It is. She takes the computer to give to Beatriz. At least she finds something.

She goes upstairs. She gives Beatriz the computer.

"Wow, Anna, it's **my** computer!" says Beatriz. "Thank you so much."

"You're welcome," says Anna. "So glad I found **your** computer."

"Me too," says Beatriz. "Did you find any of your things?"

"No," says Anna.

"Bummer," says Beatriz. The girls go to sleep.

The next day, Beatriz has class. Anna stays in the dorm room. She works on a project, using **scissors** to cut pictures to glue on a **folder**. She thinks about her missing items. Maybe she should look in the dorm room. She looks everywhere. Then she turns to Beatriz's closet. She opens it. She looks inside it.

"This is mine!" says Anna. She pulls out her brush. She is shocked. Why is her brush in Beatriz's closet? She looks closer. Under a stack of **clothes**, she feels something hard. She pulls it out. It is her bottle of perfume! When she looks closer, she finds her speaker, too.

"It was Beatriz the whole time," says Anna. The room **telephone** rings. Anna answers. It is Beatriz's mom.

"Hi, Anna," says Beatriz's mom. "How are you?"

"Fine," says Anna. "Beatriz isn't here."

"Can you tell her I called?" asks Beatriz's mom.

"Yes, but, can I talk to you about something?" asks Anna.

"Sure," says Beatriz's mom.
"Some of my things have gone missing," says Anna. "And I just found many of them in **your** daughter's closet."

"Oh, no," says Beatriz's mom. "I need to tell you something."

"What?" says Anna.

"Beatriz is a kleptomaniac," says her mom. "She takes things and then returns them exactly seven days later. She will return those items to you by tomorrow."

"What do I do?" asks Anna.

"Just wait for her to return them," says her mom.

"Okay," says Anna.
"Thank you for understanding," says Beatriz's mom.

CHAPTER 14
A Day in the Life / transition words

HISTORIA

Bey se despierta en una habitación de hotel. Está cansada. Su cuerpo está cansado, **pero** su mente está más cansada. Se siente sola. Sus amigos y familiares no entienden lo que es ser famoso. Ella se ríe. Quieren ser famosos. Quieren pasar un día en su vida. La gente piensa que las celebridades se divierten todo el día. Piensan que las celebridades consiguen lo que quieren. **Sin embargo**, Bey sabe que esto no es verdad.

¿Por qué la gente quiere ser famosa? Piensa Bey. Ella hace un café. Los medios de comunicación la muestran como éxito. La gente quiere éxito. Quieren una vida perfecta. **Como resultado**, intentan hacerse famosos. Ella sabe que la vida no es perfecta.

El reloj marca las siete en punto. Su día está ocupado. **Por lo tanto**, tiene que despertarse temprano. Algunas personas piensan que las celebridades duermen hasta tarde. Tiene mucho que hacer. No hay tiempo para dormir hasta tarde. Ella escucha el timbre.

"Hola", dice Bey.

"Hola, Bey", dicen las tres mujeres. Una mujer es su estilista. Otra mujer es su maquilladora. **Por último**, entra el peluquero. Ella abre la puerta. Van adentro. Empiezan a trabajar.

"¿Qué camisa?", dice el estilista.
"¿De qué color es el lápiz labial?" pregunta el maquillador.

"¿Por qué dormiste con el pelo así?", pregunta el peluquero.

El café de Bey se enfrió. Hace otro café. **Entonces**, ella responde a todas las preguntas. Le ayudan. **Finalmente**, está lista.

Sale del hotel a las 10 a.m. Hay mucha gente afuera. La esperan. Cuando sale, gritan. Toman fotos. Bey se mete en un coche. El coche tiene ventanas oscuras. Nadie puede ver dentro. **Por lo tanto**, ella puede hacer lo que quiera. Se relaja. Su teléfono suena.

"¿Hola?", dice ella.

"Bey, ¿dónde estás?" pregunta su representante.

"En el coche", dice.

"¡Llegas tarde!", dice el representante.

"Lo siento", dijo Bey. Tiene práctica de baile, clases de voz, y una sesión de fotos. Un día ocupado. Su representante mantiene su horario. Él le dice qué hacer y cuándo irse. Ella se siente atrapada. Debe trabajar para seguir siendo famosa. No puede tomarse unas vacaciones.

El coche se detiene. **Primero**, Bey tiene una sesión de fotos. Es para una revista. Una chica le pone maquillaje a Bey. Ella es un fan. Sonríe.

"¿Cómo estás?", pregunta ella.
"Está bien", dice Bey.

"Soy tu fan", dice.

"Gracias", dice Bey.

"Yo también canto", dice la chica. Empolva la cara de Bey.

"¿En serio?" pregunta Bey. Está aburrida.

"Sí. ¡Quiero ser famosa!", dice la chica.

"¡Ser famoso es mucho trabajo!", dice Bey.

"¡No me importa!" dice la chica.

"¿Qué vas a hacer esta noche?", pregunta Bey.

"Cena con mi novio, un paseo por el parque, tal vez visitar un museo", dice la chica.

"Tengo trabajo, un concierto", dice Bey. "**De hecho**, tengo uno cada noche. No puedo ir al parque **porque** la gente me reconoce. No me dejan en paz."

"Oh", dice la chica. Ella termina el maquillaje.

"**Por ejemplo**, no puedo recordar una visita a un museo", dice Bey. Está lista. Toma sus fotos. Su vestido es glamoroso. Se ve hermosa y feliz. Se despide y se sube al coche.

Segundo, Bey tiene práctica de danza. Practica en un estudio de danza. Su profesor es profesional. Practican para el concierto. El concierto de esta noche es en un estadio en la ciudad de Nueva York. Olvida el baile de su canción más famosa. Practica durante dos horas. **Sin duda**, ella sabe bailar.

Tercero, Bey tiene lecciones de voz. Cantantes famosos necesitan lecciones. Las lecciones de voz les ayudan a cantar fácilmente. Esto es importante. **Después de todo**, cantar un concierto cada noche es difícil.

Después de la voz, ella come el almuerzo. Su asistente se lo trae. Aunque es rápido, es saludable. Tiene un batido y una ensalada. Pronto debe prepararse para el concierto.

Ella revisa su teléfono. Bey tiene otro asistente. Este asistente usa redes sociales. Ella pone fotos en Instagram y Facebook. **En última instancia**, a Bey le gusta ver por sí misma. Su nueva película tiene 1.000.000 de likes. No está mal, piensa. También tiene muchos comentarios. Algunos son malos, así que Bey apaga su teléfono. Trata de ser positiva.

En el coche, Bey llama a sus amigos. Habla con su madre. Habla en el coche ya que no tiene mucho tiempo. Está cansada. Tiene dolor de cabeza. Quizás pueda dormir la siesta. Mira su teléfono. Es demasiado tarde para dormir la siesta.

Mientras Bey se prepara, los fans esperan. Hacen una fila afuera. Están emocionados. Pagaron mucho dinero por las entradas.

Ahora le duele la garganta. Bebe té caliente. Si no puede cantar, los fans estarán tristes. Mira su teléfono. Tiene una foto guardada para estos momentos. Es sólo una carta.
"Querida Bey", dice ahí.

"Eres mi cantante favorita. Creo que eres increíble. Quiero ser como tú cuando crezca. Amor, Susy." Es de un fan de 7 años. Bey la recuerda. Ella sonríe. Hay cientos de chicas como Susy en el concierto. **Por esta razón**, ella actúa.

Eventualmente, el concierto termina.

Más y más fans piden el autógrafo de Bey. Sonríen. Toman fotos en su teléfono. Ella se imagina sus vidas. Van a fiestas. Ven amigos. Van a restaurantes. De cualquier manera, tienen libertad. Ella está celosa. **A pesar** de no ser famosos, tienen una vida mejor.

Ella piensa en la chica de maquillaje de hoy. Se pregunta, ¿qué está haciendo ahora? Bey piensa que tal vez ya se fue.
De repente, su teléfono hace un sonido.

Es un recordatorio para ir a la cama. Mañana es otro día ocupado.

RESUMEN

Bey es una celebridad. Ella es una famosa cantante de pop. La gente está celosa de su vida. Sin embargo, no es fácil. Su día comienza temprano. Sus tres asistentes vienen al hotel. Ellos la preparan. Entonces, tiene un día ocupado. Ella va a una sesión de fotos. La chica de maquillaje quiere ser famosa. Bey dice que no es tan genial. Bey practica danza y canto. Luego se prepara para su concierto. Se siente enferma. Sin embargo, ella lo hace para sus muchos fans. Se toma fotos y firma autógrafos. Se siente celosa de la vida normal de sus fans.

Lista de Vocabulario

but	pero
however	sin embargo
as a result	como resultado
therefore	por lo tanto
lastly	por último
then	entonces
finally	finalmente
therefore	por lo tanto
first	primero
in fact	de hecho
because	porque
for example	por ejemplo
second	segundo
without a doubt	sin duda
after all	después de todo
even though	aunque
ultimately	en última instancia
so	así que
since	desde que
while	mientras

if	si
for this reason	por esta razón
eventually.	eventualmente.
either way	de cualquier manera
despite	a pesar de
all of a sudden	de repente

PREGUNTAS

1) ¿Qué persona no va al hotel de Bey?
    a) un artista de maquillaje
    b) un estilista
    c) un fan
    d) un peluquero

2) ¿Por qué la llama el representante de Bey?
    a) preguntar dónde está
    b) para despedirla
    c) para felicitarla
    d) preguntar cómo está

3) ¿Cuál es el trabajo de Bey?
    a) bailarina
    b) estrella del pop
    c) presentadora de talk show
    d) fotógrafa

4) ¿Qué hace Bey para ayudarla a cantar?
    a) ella bebe té
    b) ella va a clases de voz
    c) ella reza
    d) cruza los dedos

5) ¿Qué significa el sonido del teléfono al final de la historia?
    a) alguien está llamando
    b) es hora de tomar medicamentos
    c) una notificación de Instagram
    d) es hora de ir a la cama

RESPUESTAS

1) ¿Qué persona no va al hotel de Bey?
    c) un fan

2) ¿Por qué la llama el representante de Bey?
    a) preguntar dónde está

3) ¿Cuál es el trabajo de Bey?
    b) estrella del pop

4) ¿Qué hace Bey para ayudarla a cantar?
    b) ella va a clases de voz

5) ¿Qué significa el sonido del teléfono al final de la historia?
    d) es hora de ir a la cama

Translation of the Story
A Day in the Life

STORY

Bey wakes up in a hotel room. She is tired. Her body is tired, **but** her mind is more tired. She feels alone. Her friends and family don't understand what it is like to be famous. She laughs. They want to be famous. They want to spend a day in her life. People think celebrities have fun all day. They think celebrities get anything they want. **However,** Bey knows this is not true.

Why do people want to be famous? Bey thinks. She makes a coffee. The media shows her as success. People want success. They want a perfect life. **As a result,** they try to become famous. She knows life is not perfect.
The clock says seven o'clock. Her day is busy. **Therefore**, she has to wake up early. Some people think celebrities sleep late. She has a lot to do. There is no time to sleep late. She hears the doorbell.

"Hello," says Bey.

"Hi, Bey," say the three women. One woman is her stylist. Another woman is her makeup artist. **Lastly**, the hairdresser enters. She opens the door. They go inside. They begin to work.

"Which shirt?" says the stylist.

"Which color of lipstick?" asks the makeup artist.

"Why did you sleep with your hair like that?" asks the hairdresser.

Bey's coffee is cold. She makes another coffee. **Then**, she answers all the questions. They help her. **Finally,** she is ready.

She leaves the hotel at 10 a.m. There are many people outside. They wait for her. When she goes out, they scream. They take pictures. Bey gets in a car. The car has dark windows. No one can see in. **Therefore,** she can do what she wants. She relaxes. Her phone rings.

"Hello?" she says.

"Bey, where are you?" asks her manager.

"In the car," she says.

"You're late!" says the manager.

"Sorry," said Bey. She has dance practice, voice lessons, and a photo shoot. A busy day. Her manager keeps her schedule. He tells her what to do. He tells her when to go. She feels stuck. She must work to stay famous. She can't take a vacation.

The car stops. **First**, Bey has a photo shoot. It is for a magazine. A girl puts makeup on Bey. She is a fan. She smiles.

"How are you?" she asks.

"Fine," says Bey.

"I am your fan," she says.

"Thank you," says Bey.
"I sing, too," the girl says. She powders Bey's face.

"Really?" asks Bey. She is bored.

"Yes. I want to be famous!" says the girl.

"Being famous is a lot of work!" says Bey.

"I don't care!" says the girl.

"What are you doing tonight?" asks Bey.

"Dinner with my boyfriend, a walk in the park, maybe visit a museum," says the girl.

"I have work, a concert," says Bey. "**In fact,** I have one every night. I can't go out to the park **because** people recognize me. They don't leave me alone."

"Oh," says the girl. She finishes the makeup.

"**For example**, I can't remember a visit to a museum," says Bey. She is finished. She takes her pictures. Her dress is glamorous. She looks beautiful and happy. She says goodbye and gets in the car.

Second, Bey has dance practice. She practices in a dance studio. Her teacher is professional. They practice for the concert. Tonight's concert is in a stadium in New York City. She forgets the dance for her most famous song. She practices for two hours. **Without a doubt**, she knows the dance.

Third, Bey has voice lessons. Famous singers need lessons. Voice lessons help them sing easily. This is important. **After all,** singing a concert every night is difficult.

After voice, she eats lunch. Her assistant brings it to her. Even though it is quick, it is healthy. She has a smoothie and a salad. Soon she must prepare for the concert.

She checks her phone. Bey has another assistant. This assistant does social media. She puts pictures on Instagram and Facebook. **Ultimately**, Bey likes to see for herself. Her new picture has 1,000,000 likes. Not bad, she thinks. It also has many comments. Some are mean, **so** Bey turns off her phone. She tries to be positive.

In the car, Bey calls her friends. She talks to her mother. She talks in the car **since** she doesn't have much time. She is tired. She has a headache. Maybe she can nap. She looks at her phone. It is too late to nap.

While Bey gets ready, fans wait. They make a line outside. They are excited. They paid a lot of money for the tickets.

Now her throat hurts. She drinks warm tea. **If** she can't sing, the fans will be sad. She looks at her phone. She has a picture saved for these moments. It is a letter.

"Dear Bey," it says.

"You are my favorite singer. I think you are amazing. I want to be just like you when I grow up. Love, Susy." It is from a 7-year-old fan. Bey remembers her. She smiles.

There are hundreds of girls like Susy at the concert. **For this reason,** she performs.

Eventually, the concert ends.

More and more fans ask for Bey's autograph. They smile. They take pictures on their phone. She imagines their lives. They go to parties. They see friends. They go to restaurants. **Either way**, they have freedom. She is jealous. **Despite** not being famous, they have better lives.

She thinks of the makeup girl from today. She wonders, what is she doing now? Bey thinks maybe she will quit.

All of a sudden, her phone makes a sound.

It is a reminder to go to bed. Tomorrow is another busy day.

CHAPTER 15
The Camino Inspiration / Numbers + Family

A Molly le encantan las aventuras.

Ella es el miembro más valiente de su **familia**, incluso más valiente que sus **dos hermanos**. A menudo va de campamento con su familia en el bosque. Este fin de semana, van juntos a la montaña. La luna brilla, los pájaros y los animales están tranquilos. Molly se sienta con sus hermanos y su **hermana** junto al fuego, hablando y jugando. Ven un murciélago volar sobre sus cabezas.

"¡Ewww!" grita la hermana de Molly.

"¡Un murciélago!" grita **uno** de los hermanos de Molly.

Entonces, **tres** murciélagos más vuelan sobre sus cabezas.

"¡Ahhh! ¡Busquemos a **mamá** y **papá**!" grita el otro hermano, John.

"Es sólo un murciélago", dice Molly.

Llegan más murciélagos, hasta que hay **ocho** que vuelan por encima. La hermana y los hermanos de Molly desaparecen en sus tiendas, asustados. Molly no se mueve. ¡Ella mira mientras los murciélagos giraban, ahora **diecinueve**, no, **veinte**!

"Hola, Molly", dice su **madre**, caminando detrás de su **padre** a la fogata.

"Vaya, seguro que hay muchos murciélagos alrededor de este bosque", dice su padre. "¿No tienes miedo?"

Molly agitó la cabeza y vio a los murciélagos volar hacia el cielo estrellado.

"¡Vamos a cenar!" dijo ella. Sus hermanos y su hermana salen de sus tiendas de campaña. La familia come junto al fuego. Les encanta acampar juntos.

Molly tiene **22** años. Acaba de graduarse de la universidad, donde estudió ingeniería. No ha encontrado trabajo en una oficina, así que trabaja en su tienda local al aire libre. Ella guarda su cheque de pago y se pone a hablar de su hobby favorito todo el día: acampar.

Todos los sábados, Molly trabaja en el **segundo** piso, con todas las tiendas de campaña, mochilas y suministros para acampar. Este sábado, entra su **primo**.

"¡Hola, Jim!", dice Molly, una sonrisa feliz en su rostro.

"¡Molly! Olvidé que trabajas aquí", dice Jim, el **hijo** de **treinta** años de la **tía** de Molly, Jane.

"¿Cómo están la tía Jane y el **tío** Joe?", pregunta Molly.

"Están bien. Este fin de semana están visitando a la **abuela** Gloria en su casa", dice Jim. "Estoy aquí para comprar algunos productos al aire libre para un viaje."

"¡Oh, claro! Puedo ayudarte. ¿Qué hay en tu lista?" pregunta Molly.

Jim le muestra a Molly un pedazo de papel con una lista de **quince** artículos. Una mochila ligera, una estufa portátil, cuatro pares de calcetines calientes, bastones de senderismo, el jabón mágico del Dr. Bronner, un cuchillo de bolsillo y **dieciocho** comidas deshidratadas.

Vaya, esto suena como un viaje, piensa Molly.

"Dame la mochila más ligera que tengas", dice Jim. "La más ligera de todo, en realidad. Tengo que mantener mi mochila por debajo de **veintiocho** libras."
"¿Para qué estás comprando todo esto?", pregunta Molly, caminando con Jim hacia una pared llena de mochilas de todos los colores, grandes y pequeñas.

"Voy a caminar", dice Jim. "Por toda España."

Jim prueba las diferentes mochilas. Elige la favorita de Molly, una mochila roja con **siete** bolsillos, cuatro en la espalda y tres en el interior. El paquete es tan ligero, que apenas pesa **dos libras y media**. Lo lleva sobre sus hombros mientras sigue a Molly a la sección de ropa.

"Se llama el Camino de Santiago", le dice Jim a Molly. Su primo le habla de la caminata. Es una peregrinación a la Catedral de Santiago de Compostela en Galicia. Se dice que Santiago está enterrado en la iglesia.
El tío Jim caminará la caminata desde el punto de partida común de la Vía Francesa, Saint-Jean-Pied-de-Port. A partir de ahí, son unas **quinientas** millas hasta

Santiago. La peregrinación ha sido popular desde la Edad Media. Los criminales y otras personas caminaban por el camino a cambio de bendiciones. Hoy en día, la mayoría viaja a pie. Algunas personas viajan en bicicleta. Algunos peregrinos incluso viajan a caballo o en burro. La peregrinación era religiosa, pero ahora muchos la hacen para viajar o para hacer deporte.

"Necesito viajar", dice Jim. "Necesito tiempo para pensar y reflexionar. Caminar 500 millas puede ser muy espiritual."

Molly ayuda a Jim a encontrar una chaqueta impermeable y un par de pantalones que pueden descomprimirse para ser pantalones cortos. Parece muy feliz con su gran bolsa de cosas. Él tiene mucho más en sus manos que los otros compradores. Él va en un viaje real.

"Serán **trescientos cuarenta y siete** dólares y **sesenta y seis** centavos", dice Molly.

"Gracias, Molly", dice Jim.

Molly empieza a pensar. Vive en casa con sus **padres**. Su madre trabaja como juez en el juzgado local y su padre es abogado. Ambos raramente están en casa para cenar. Permanecen ocupados en la oficina hasta tarde. Sus **hermanos** viven con sus familias en Seattle, a tres horas de distancia. Está sola, sin trabajo de verdad. No tiene a nadie que la detenga.
Serán unas vacaciones perfectas. Y quizás ella decida qué hacer con el resto de su vida.
¿Por qué no?

Ese día, Mollly decide que hará el Camino de Santiago. A partir de septiembre, dentro de tres meses. Sola.

RESUMEN
Una joven llamada Molly ama el aire libre. Ella y su familia acampan juntos a menudo. Trabaja en una tienda al aire libre mientras busca trabajo después de la universidad. Su tío Jim la visita para prepararse para un viaje. Va a caminar por el Camino de Santiago y necesita suministros. Molly le ayuda a comprar una mochila, zapatos y todo lo que necesita. Ella misma decide tomar el camino.

Lista de Vocabulario

family	familia
two	dos
brother	hermano
sister	hermana
one	una
three	tres
mom	mamá
dad	papá
eight	ocho
nineteen	diecinueve
twenty	veinte
mother	madre
father	padre
twenty-two	veintidós
second	segundo
cousin	primo
thirty	treinta
son	hijo
aunt	tía
uncle	tío
grandma	abuela
fifteen	quince
four	cuatro
eighteen	dieciocho
twenty-eight	veintiocho
seven	siete
two-and-a-half	dos y medio
five hundred	quinientos
three hundred	trescientos
forty-seven	cuarenta y siete
sixty-six	sesenta y seis

parents	padres
siblings	hermanos

PREGUNTAS

1) ¿Qué estudió Molly en la universidad?
    a) cosmetología
    b) literatura
    c) ingeniería
    d) comercialización

2) ¿Cuántos hermanos tiene Molly?
    a) uno
    b) dos
    c) tres
    d) cuatro

3) ¿Qué relación tiene Jim con Molly?
    a) hermano
    b) tío
    c) abuelo
    d) papá

4) ¿Qué es el Camino de Santiago?
    a) una peregrinación
    b) una ciudad
    c) una iglesia
    d) un día de fiesta

5) ¿De dónde es Molly?
    a) Estados Unidos
    b) Inglaterra
    c) Australia
    d) Francia

RESPUESTAS

1) ¿Qué estudió Molly en la universidad?
    c) ingeniería

2) ¿Cuántos hermanos tiene Molly?
    c) tres

3) ¿Qué relación tiene Jim con Molly?
    b) tío

4) ¿Qué es el Camino de Santiago?
    a) una peregrinación

5) ¿De dónde es Molly?
    a) Estados Unidos

Translation of the Story
The Camino Inspiration

Molly loves adventures.

She is the bravest member of her **family**, even braver than her **two brothers**. She often goes camping with her family in the woods. This weekend, they go to the mountain together. The moon shines and the birds and animals are quiet. Molly sits with her brothers and her **sister** by the fire, talking and playing. They see a bat fly over their heads.

"Ewww!" shouts Molly's sister.

"A bat!" yells **one** of Molly's brothers.

Then, **three** more bats fly over their heads.

"Ahhh! Let's get **mom** and **dad**!" shouts the other brother, John.

"It's only a bat," says Molly.

More bats arrive, until there are **eight** flying overhead. Molly's sister and brothers disappear into their tents, scared out of their wits. Molly does not move. She watches as the bats circled, now **nineteen**, no, **twenty**!

"Hi, Molly," says her **mother**, walking up behind her **father** to the campfire.

"Wow, there sure are a lot of bats around these woods," says her dad. "Aren't you scared?"

Molly shook her head no, and watched the bats fly off into the starry night sky.

"Let's eat dinner!" she said. Her brothers and sister come out of their tents. The family eats by the fire. They love to camp together.

Molly is **twenty-two**. She just graduated from college, where she studied engineering. She has not found a job in an office, so she works at her local outdoor store. She saves her paycheck and gets to talk about her favorite hobby all day: camping.

Every Saturday, Molly works on the **second** floor, with all of the tents, backpacks, and camping supplies. This Saturday, in walks her **cousin**.

"Hi, Jim!" says Molly, a happy smile on her face.

"Molly! I forgot you work here," says Jim, the **thirty**-year-old **son** of Molly's **aunt** Jane.

"How are Aunt Jane and **Uncle** Joe?" asks Molly.

"They're good. This weekend they are visiting **Grandma** Gloria at her house," says Jim. "I'm here to buy some outdoor goods for a trip."

"Oh, sure! I can help you. What is on your list?" Molly asks.

Jim shows Molly a piece of paper with a list of **fifteen** items. A light backpack, a portable stove, **four** pairs of warm socks, hiking poles, Dr. Bronner's magic soap, a pocket knife, and **eighteen** dehydrated trail meals.

Wow, this sounds like quite a trip, thinks Molly.

"Gimme the lightest backpack you have," says Jim. "The lightest everything, actually. I have to keep my pack under **twenty-eight** pounds."

"What are you buying all of this for?" asks Molly, walking with Jim over to a wall filled with backpacks of all colors, large and small.

"I'm going to hike," says Jim. "Across Spain."

Jim tries on the different backpacks. He chooses Molly's favorite, a red backpack with **seven** pockets, four on the back and three inside. The pack is so light, it hardly weighs **two-and-a-half** pounds. He wears it on his shoulders as he follows Molly to the clothing section.

"It's called the Camino de Santiago," Jim tells Molly. Her cousin tells her about the hike. It is a pilgrimage to the Cathedral of Santiago de Compostela in Galicia. People say that Saint James is buried in the church.

Uncle Jim will be walking the hike from the common starting point of the French Way, Saint-Jean-Pied-de-Port. From there, it is about **five hundred** miles to Santiago. The pilgrimage has been popular since the Middle Ages. Criminals and other people walked the way in exchange for blessings. Nowadays, most travel by foot.

Some people travel by bicycle. A few pilgrims even travel on a horse or donkey. The pilgrimage was religious, but now many do it for travel or sport.

"I need to travel," says Jim. "I need time to think and reflect. Walking 500 miles can be very spiritual."

Molly helps Jim find a waterproof jacket and a pair of pants that can unzip to be shorts. He seems very happy with his large bag of things. He has much more in his hands than the other shoppers. He is going on a real trip.

"That will be **three hundred forty-seven** dollars and **sixty-six** cents," says Molly.

"Thanks, Molly," says Jim.

Molly begins to think. She lives at home with her **parents**. Her mother works as a judge in the local courthouse and her father is a lawyer. They are both rarely home for dinner. They stay busy at the office until late. Her **siblings** live with their families in Seattle, three hours away. She is alone, with no real job. She has no one to stop her.

It will be the perfect vacation. And maybe she will decide what to do with the rest of her life.

Why not?

That day, Mollly decides that she will do the Camino de Santiago. Starting in September, three months from now. Alone.

CONCLUSION

You did it!

You finished a whole book in a brand new language. That in and of itself is quite the accomplishment, isn't it?

Congratulate yourself on time well spent and a job well done. Now that you've finished the book, you have familiarized yourself with over 500 new vocabulary words, comprehended the heart of 3 short stories, and listened to loads of dialogue unfold, all without going anywhere!

Charlemagne said "To have another language is to possess a second soul." After immersing yourself in this book, you are broadening your horizons and opening a whole new path for yourself.

Have you thought about how much you know now that you did not know before? You've learned everything from how to greet and how to express your emotions to basics like colors and place words. You can tell time and ask question. All without opening a schoolbook. Instead, you've cruised through fun, interesting stories and possibly listened to them as well.

Perhaps before you weren't able to distinguish meaning when you listened to Spanish. If you used the audiobook, we bet you can now pick out meanings and words when you hear someone speaking. Regardless, we are sure you have taken an important step to being more fluent. You are well on your way!

Best of all, you have made the essential step of distinguishing in your mind the idea that most often hinders people studying a new language. By approaching Spanish through our short stories and dialogs, instead of formal lessons with just grammar and vocabulary, you are no longer in the 'learning' mindset. Your approach is much more similar to an osmosis, focused on speaking and using the language, which is the end goal, after all!

So, what's next?

This is just the first of five books, all packed full of short stories and dialogs, covering essential, everyday Spanish that will ensure you master the basics. You can find the rest of the books in the series, as well as a whole host of other resources, at LearnLikeNatives.com. Simply add the book to your library to take the next step in your language learning journey.

If you are ever in need of new ideas or direction, refer to our 'Speak Like a Native' eBook, available to you for free at LearnLikeNatives.com, which clearly outlines practical steps you can take to continue learning any language you choose.

We also encourage you to get out into the real world and practice your Spanish. You have a leg up on most beginners, after all—instead of pure textbook learning, you have been absorbing the sound and soul of the language. Do not underestimate the foundation you have built reviewing the chapters of this book. Remember, no one feels 100% confident when they speak with a native speaker in another language.

One of the coolest things about being human is connecting with others. Communicating with someone in their own language is a wonderful gift. Knowing the language turns you into a local and opens up your world. You will see the reward of learning languages for many years to come, so keep that practice up!. Don't let your fears stop you from taking the chance to use your Spanish. Just give it a try, and remember that you will make mistakes. However, these mistakes will teach you so much, so view every single one as a small victory! Learning is growth.

Don't let the quest for learning end here! There is so much you can do to continue the learning process in an organic way, like you did with this book. Add another book from Learn Like a Native to your library. Listen to Spanish talk radio. Watch some of the great Spanish films. Put on the latest
CD from Rosalia. Take salsa lessons in Spanish. Whatever you do, don't stop because every little
step you take counts towards learning a new language, culture, and way of communicating.

www.LearnLikeNatives.com

Learn Like a Native is a revolutionary **language education brand** that is taking the linguistic world by storm. Forget boring grammar books that never get you anywhere, Learn Like a Native teaches you languages in a fast and fun way that actually works!

As an international, multichannel, language learning platform, we provide **books, audio guides and eBooks** so that you can acquire the knowledge you need, swiftly and easily.

Our **subject-based learning**, structured around real-world scenarios, builds your conversational muscle and ensures you learn the content most relevant to your requirements.
Discover our tools at ***LearnLikeNatives.com***.

When it comes to learning languages, we've got you covered!

www.ingramcontent.com/pod-product-compliance
Lightning Source LLC
Chambersburg PA
CBHW071730080526
44588CB00013B/1973